1000만원 버는 셀프 인테리어

1판 1쇄 발행 2025년 12월 1일

저자 최기영

편집 유주은   **마케팅·지원** 이창민

펴낸곳 (주)하움출판사   **펴낸이** 문현광

이메일 haum1000@naver.com   **홈페이지** haum.kr
블로그 blog.naver.com/haum1000   **인스타그램** @haum1007

ISBN 979-11-7374-250-7(13540)

좋은 책을 만들겠습니다.
하움출판사는 독자 여러분의 의견에 항상 귀 기울이고 있습니다.
파본은 구입처에서 교환해 드립니다.

이 책은 저작권법에 따라 보호받는 저작물이므로 무단전재와 무단복제를 금지하며,
이 책 내용의 전부 또는 일부를 이용하려면 반드시 저작권자의 서면동의를 받아야 합니다.

500만원 버는 셀프인테리어 개정판!

1000만원 버는 셀프 인테리어

**현직 인테리어 실장이 알려주는
셀프인테리어 시대 비용절감 노하우 대공개!**

"

셀프 인테리어를 하다 보면 누구나 벽에 부딪히는 순간이 있습니다.
그럴 때 옆에서 인테리어 전문가가 "이렇게 해보세요"라고
말해준다면 얼마나 좋을까요?
저 역시 같은 고민을 수없이 해왔기에, 그 마음을 잘 압니다.
그래서 이 책을 썼습니다.
부디 이 책이 여러분의 셀프 인테리어 여정에 작은 길잡이가
되어드릴 수 있기를 바랍니다

이 책이 작은 도움이 되었으면 좋겠습니다 "

들어가며...

전작 **「500만 원 버는 셀프 인테리어」**를
사랑해주신 독자분들께 감사드립니다.
이번에는 개정판인
「1000만 원 버는 셀프 인테리어」로
새롭게 인사드립니다.
내용의 큰 흐름은 같지만, 좀 더 설명을 알기 쉽게 구성했습니다.
여러분의 인테리어 여정에 다시 한 번 도움이 되기를 바랍니다.

인테리어 분야에서 오랜 시간 일해 온 저는, 셀프 인테리어 시대를 맞이하며 직접 인테리어를 시도하는 분들에게 도움이 될 만한 책을 써야겠다고 생각했습니다.

그동안 주변에서 셀프 인테리어에 도전했다가 실패해 도움을 요청하는 경우를 자주 보았습니다. 현장을 방문할 때마다 느낀 것은, 기본적인 인테리어 지식 없이 시공자만 섭외하면 실패할 가능성이 매우 높다는 점이었습니다. 최근 들어 이러한 사례는 점점 더 늘어나고 있습니다.

처음 셀프 인테리어를 시도하면, 인테리어 경험이 많은 사람이라도 예상보다 많은 시간과 비용이 듭니다. 결국 전문 업체에 맡겼을 때보다 만족스럽지 못한 결과를 얻는 경우도 많습니다. 운 좋게 한 번 공했다고 해도, 다음 현장에서 같은 결과를 얻을 수 있을지는 아무도 장담할 수 없습니다.

그래서 저는 셀프 인테리어를 하겠다는 지인에게 항상 이렇게 말하곤 합니다. "비용과 품질, 그리고 시간 면에서 업체에 맡기는 것이 더 나을 수도 있으니, 반드시 좋은 업체를 선정하세요." 하지만 상대가 "그래도 직접 해보고 싶다"고 하면, 웃으며 이렇게 덧붙입니다. "좋아요. 잘만 하면 1,000만 원 이상 절약할 수도 있습니다."

물론 돈도 중요하지만, 스스로의 손으로 공간을 완성했다는 성취감은 그 어떤 돈으로도 바꿀 수 없는 값진 경험입니다.

셀프 인테리어에는 분명 주의할 점이 많습니다. 하지만 충분한 사전 조사와 계획이 있다면, 처음 도전하는 분들도 좋은 결과를 만들 수 있습니다.

이 책은 그런 분들을 위한 안내서입니다.
물론 이 책이 '정답'은 아닙니다. 부산에서 서울로 가는 길이 여러 가지이듯, 인테리어에도 다양한 접근법이 존재합니다. 기차를 타고 갈 수도 있고, 자동차나 비행기를 이용할 수도 있죠. 중요한 것은 목적지, 즉 자신이 원하는 공간을 완성하는 것입니다.

이 책은 그 여정 중 하나의 길을 제시하는 것입니다. 부족한 부분도 있고, 제가 미처 알지 못한 오류도 있을지 모릅니다. 그럼에도 용기를 내어 글을 쓰는 이유는 단 하나입니다.

셀프 인테리어를 시도하는 분들이 결국은 자신의 힘으로 해낼 수 있음을 믿기 때문입니다. 현직 인테리어 실장으로서, 그 길에 작은 도움이라도 되고 싶었습니다.

셀프 인테리어라고 해서 모든 공정을 직접 하는 '진짜 인테리어'를 의미하는 것은 아닙니다. 아무리 손재주가 좋아도 인테리어 전 과정을 혼자 해낼 수는 없습니다. 각 공정마다 전문 기술자들이 존재하듯, 일반인이 전부를 감당하기는 어렵습니다. 따라서 공정별 전문 시공자를 고용하고, 전체 흐름을 이해하며 조율하는 능력이 필수적입니다.

요즘은 유튜브나 블로그, 인테리어 커뮤니티를 통해 예전보다 훨씬 많은 정보를 손쉽게 얻을 수 있습니다. 하지만 인테리어는 여전히 복합적이고 예측하기 어려운 전문 분야입니다. 좋은 결과를 얻기 위해서는 자신이 원하는 디자인을 구현해줄 기술자와 자재를 찾고, 이를 계획적으로 관리할 수 있는 능력이 필요합니다.

무엇보다 중요한 것은 철저한 준비입니다. "무엇을, 어떻게, 어떤 방법으로 할 것인가"를 명확히 정리해야 합니다. 저는 인테리어 문의를 하시는 분들 중 실제 공사가 6개월, 심지어 1년 뒤인 경우도 많이 봅니다. 그만큼 인테리어를 계획하는 사람들이 점점 체계적으로 준비하고 있다는 뜻이겠지요.
셀프 인테리어를 계획할 때는 과감함도 필요합니다. 너무 많은 공정과 디자인을 한꺼번에 담으려다 보면 복잡해지고, 실행이 어려워집니다. 이럴 때는 과감히 일부를 삭제하거나, 자신 없는 부분은 인테리어 업체에 맡기는 것이 현명합니다.

이번 책을 쓰며 저 역시 새로운 도전을 했습니다. 평생 인테리어 도면과 공간만 다루던 제가, 처음으로 책 편집과 디자인, 셀프 출판이라는 분야에 발을 들였습니다. 맞춤법과 띄어쓰기부터 표지 디자인까지 하나하나 배우며, 이 책은 제 손으로 완성되었습니다.

이 책은 일부 내용의 교정과 문장 다듬기 과정에서 OpenAI의 도움을 받았습니다. AI 기술의 발전 덕분에 출판 과정이 한층 효율적으로 바뀌고 있습니다. 앞으로 내용 보완이나 수정이 필요한 부분이 생긴다면, 저자의 블로그 (https://blog.naver.com/testu)를 통해 추가 내용을 공유하겠습니다.

책을 세상에 내게 도와주신 모든 분들께 진심으로 감사드립니다. 하움출판사 직원분들께 감사드리며 특히 저의 어머님, 아들 민호, 이노아트 정세영 대표님, 규리인터내셔날 이규범 대표님, 후배 조혜수님, 그리고 출판사에서 마지막까지 어드바이스를 주신 모든 분들께 감사드립니다.

전국의 셀프 인테리어 도진자 여러분께 진심으로 응원의 박수를 보냅니다. 이 책이 여러분의 여정에 작은 길잡이가 되기를 바랍니다.

- 최 기영 -

이 책의 구성내용

이 책은 셀프 인테리어, 좀 더 정확히 말하면 반(半)셀프 인테리어 방식을 중심으로 구성되어 있습니다. 즉, 인테리어의 기획과 전체 진행은 당사자가 직접 하되, 각 공정별로 필요한 기술자를 섭외하여 함께 완성하는 형태입니다.

책의 목적은 거창하지 않습니다. 셀프 인테리어를 처음 시도하는 분들과, 이제 막 현장에 발을 들인 초보 인테리어 실장들에게 기초적이고 실제적인 내용을 전하고자 했습니다. 책 한 권을 읽고 나서 단 한 가지라도 실질적인 도움이 되는 부분이 있다면, 그 자체로 충분한 보람이라 생각합니다.

따라서 이 책은 쉽게 읽고, 바로 현장에서 써먹을 수 있는 실용서를 목표로 했습니다. 전문서처럼 어려운 이론보다는, 실제 공사와 현장에서 바로 적용 가능한 내용을 중심으로 구성했습니다.

1장. 인테리어 공사의 기본

1장에서는 인테리어 공사를 진행하기 전에 반드시 알아야 할 기본 개념과 공통적인 원칙을 다룹니다. 인테리어는 **설계(생각)**와 **시공(구현)**으로 나눌 수 있습니다. 따라서 1장에서는 간단한 구상 방향 설정, 설계 접근법, 그리고 공사를 이해하기 위한 기초 지식을 다루어 인테리어의 전반적인 틀을 잡을 수 있도록 구성했습니다.

2장. 인테리어 시공

2장에서는 실제 인테리어 공사 현장에서 마주하는 각 공정별 내용을 구체적으로 다룹니다. 자재의 종류와 특성, 물량 산출 방법, 기술자 인건비 책정 기준 등을 소개하며, 필자가 17년간 현장에서 직접 체득한 생생한 경험을 바탕으로 설명합니다. 이 장을 통해 독자들은 인테리어의 구조와 흐름을 보다 현실적으로 이해할 수 있을 것입니다.

3장. 하자보수와 사후관리

3장에서는 인테리어 공사 이후 발생할 수 있는 하자 문제와 그 해결 방법을 다룹니다. 하자 유형별 원인을 분석하고, 현장에서 즉시 적용할 수 있는 실질적인 보수 방법을 제시했습니다. 또한, 부가적으로 알아두면 도움이 되는 기타 유용한 사항도 함께 정리했습니다.

지면 관계상 본문에서는 존칭을 생략했습니다. 이 책이 셀프 인테리어를 계획하는 분들과 이제 막 실무를 시작한 인테리어 실장들에게 현장에서 바로 도움이 되는 실질적인 길잡이가 되기를 바랍니다.

목차

1장
인테리어 기초 사항

SELF INTERIOR

인테리어 설계하는 법	18
인테리어 설계 방향 결정하는 법	22
화장실 디자인	38
인테리어에 있어서 조금 다른 색상결정법	48
자재 구입방법	49
조명설계 방법	62
셀프 인테리어를 시작하기 전에 필수적으로 알아야 할 사항	84
인테리어 시공자들의 임금지불 방식 일당과 도급의 개념	85
인테리어 공사순서	86
공사 시작 전 준비해야 할 것	90

2장
인테리어 시공

SELF INTERIOR

시공자(기술자)를 구하는 방법	96
인테리어 시공자를 대하는 기본자세?	97
시공자중 극히 일부인 나쁜 시공자를 만난 경우	105

시공자들의 임금 지불시기	111
시공비의 구성	116
공정별 인테리어 시공	116
철거	117
마루철거	120
설비공사	123
벽체단열, 바닥확장공사	126
목공	127
중문 공사	147
전기 공사	148
타일 공사	152
화장실 위생기구 셋팅	169
페인트	173
필름	180
마루공사	185
도배	190
싱그대	197
수입 주방 브랜드 소개	200
조명 설치공사	208
유리 공사	211
창호공사	212
실리콘 코킹공사	213
줄눈 코팅공사	221

3장
인테리어 하자와 기타사항

SELF INTERIOR

도배하자 226

페인트 하자 228

타일하자 231

화장실 방수 하자 231

화장실 하수구등 각종 냄새 악취하자 234

필름하자 237

목공하자 237

인테리어 정리 수납에 대해 240

인테리어 시공의 위험성 244

유튜버 인테리어 쇼에 대한 생각 246

살면서 하는 공사에 대해 249

인테리어 실장의 일에 대해 251

민원에 대해 254

인테리어의 미래 256

SELF INTERIOR

1장
인테리어 기초사항

인테리어는 크게 구상 단계와 시공 단계로 나눌 수 있다.
이 책은 인테리어의 디자인 설계를 중심으로 다루는 전문서가 아니므로,
설계 및 디자인과 관련된 내용은 기본적인 부분만 다루었다.

인테리어 설계하는 법

요즘 아파트 인테리어는 네이버 부동산에서 평면도를 제공하는 경우가 많다. '오늘의 집' 같은 사이트에서는 대부분의 아파트 평면도와 함께, 실제 설계도를 손쉽게 작성할 수 있는 무료 프로그램도 제공한다. 물론 중요한 것은 도구가 아니라 아이디어다. A4 용지에 간단히 평면도를 그리거나, 엑셀로 구상해 보는 것도 좋은 방법이다. 또한 3D 프로그램인 '스케치업(SketchUp)' 평가판을 내려받아 유튜브에서 사용법을 익히면, 누구나 손쉽게 공간을 시각화할 수 있다.

디자인을 시작할 때 반드시 기억해야 할 공통된 원칙이 있다.
바로 **"멋진 작업을 많이 보는 것"**이다. 좋은 인테리어 사례를 자주 보면 자연스럽게 눈높이가 높아지고, 머릿속에 나만의 인테리어 밑그림이 그려진다. 마음에 드는 인테리어를 모아 참고 목록을 만들고, 그 이유를 분석하다 보면 자신의 선호 스타일이 점차 뚜렷해진다. 사실 누구나 평소 좋아하는 분위기나 스타일을 어렴풋이 가지고 있다. '내 집은 이런 느낌이었으면 좋겠다'는 생각이 바로 그것이다.

현장에서 의뢰를 받다 보면, 자신의 취향을 명확히 모르는 고객이 의외로 많다. 하지만 여러 사진을 보여주거나, 샘플북으로 색상과 질감을 고르다 보면 대부분 금세 자신이 좋아하는 스타일을 찾아낸다. 예를 들어 고객이 파란색 옷을 입고 있을 때 "블루 계열을 좋아하시죠?"라고 묻는다면, 대부분 "맞아요"라고 답한다. 그것이 바로 무의식적인 디자인 취향이다.

상업 공간은 별개의 접근이 필요하지만, 주거 공간은 나를 위한 공간이므로 무엇보다 자신의 취향에 맞게 꾸미는 것이 가장 중요하다. 다만, 호불호가 적은 인테리어를 선택하면 향후 집을 매매하거나 임대할 때 훨씬 유리하다.

인테리어를 업으로 삼고 있는 필자조차도 가끔 인테리어의 힘에 놀랄 때가 있다. 때로는 인테리어만으로 집이 바로 매매되기도 하고, 임대 시에는 입주자를 선택할 수 있을 정도로 경쟁력이 생기기도 한다. 그만큼 인테리어는 공간의 가치를 바꾸는 강력한 힘을 지닌다.

디자인 트랜드와 대중적 디자인에 관심을

상업 인테리어에는 대중이 공감할 수 있는 명확한 의도가 담겨 있어야 한다. 문화적·사회적 요인에 영향을 받는 사람들이 공간을 보며 거부감 없이 자연스럽게 받아들일 수 있어야 하기 때문이다. 그러나 주거 공간, 즉 자신의 집이라면 이야기가 달라진다. 그곳은 오롯이 '나'를 위한 공간이므로, 나만 좋으면 그만이다. 다만 향후 집을 매매하거나 임대할 계획이 있다면, 타인에게도 깔끔하고 정돈된 인상을 줄 수 있도록 어느 정도 객관적인 기준을 염두에 두는 것이 좋다.

결국 인테리어란, 대부분의 사람들이 "잘됐다"고 느끼는 공간을 말한다. 내가 봐도 좋고, 다른 사람이 봐도 좋다면 그것이 바로 '잘된 인테리어'다. 마치 미남과 미녀를 볼 때 각자 선호는 달라도 모두가 아름답다고 느끼는 것과 같다. 즉, 자신만의 취향을 살리되 대중이 선호하는 감각을 적절히 반영할 때, 인테리어는 한 단계 업그레이드된다.

무엇보다도 중요한 것은 경제적 균형, 즉 예산에 맞는 설계다. 공정별로 비용을 절감할 수 있는 노하우도 있지만, 기본적으로 인테리어 요소가 많고 제작할 부분이 많을수록 공사비는 높아질 수밖에 없다. 또한 고가의 자재를 선택하면 그만큼 비용이 상승한다.

결국 인테리어의 핵심은 **'균형'**이다. 취향, 대중성, 예산 — 이 세 가지의 균형을 어떻게 맞추느냐가 완성도를 결정한다. 예를 들어, 이탈리아 프리미엄 브랜드 **보피(Boffi)**의 싱크대를 선택했다면, 싱크대만으로도 1억 원이 넘을 수 있다. 사재 싱크를 쓸 것인가, 한샘이나 리바트 제품으로 할 것인가? 조명 기구는 어느 정도 수준으로 할 것인가? 바닥은 고급 이태리 포셀린으로 마감할 것인가, 아니면 실용적인 장판으로 할 것인가? 베란다를 확장할 것인가? 샤시까지 교체할 것인가? 바닥 난방 배관을 전체 교체할 것인가? 화장실은 전체 철거 후 새로 시공할 것인가, 덧방 시공으로 마감할 것인가?

이처럼 어디에 비용을 집중하고, 어디에서 절감할지를 구체적으로 구상해야 한다. '주방에 힘을 줄 것인가?', '마루바닥의 질감을 살릴 것인가?', '고급 조명에 투자할 것인가?' 등 비용의 우선순위를 정하는 것이 인테리어의 첫걸음이다.

아울러 공사 범위가 넓어질수록 공사 기간도 자연히 길어진다. 따라서 '나에게 주어진 시간은 얼마나 되는가?', '한정된 시간 안에 얼마나 많은 공사를 소화할 수 있을까?'를 신중히 따져보는 것이 중요하다.

오늘의 집에서 제공하는 무료 3D 도면
대부분의 아파트 데이터가 들어 있어서 바로 3D상의 도면 설계가 가능하다.

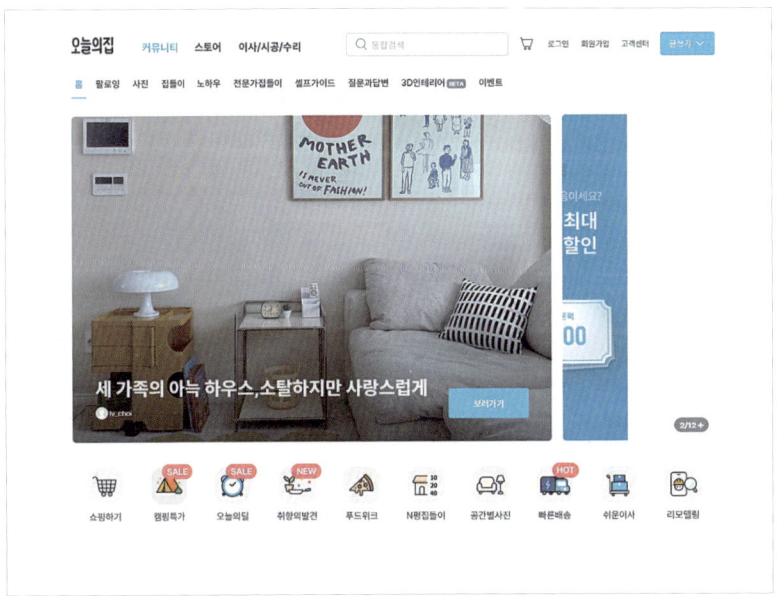

좋아하는 스타일의 참조 사이트-오늘의 집싸이트

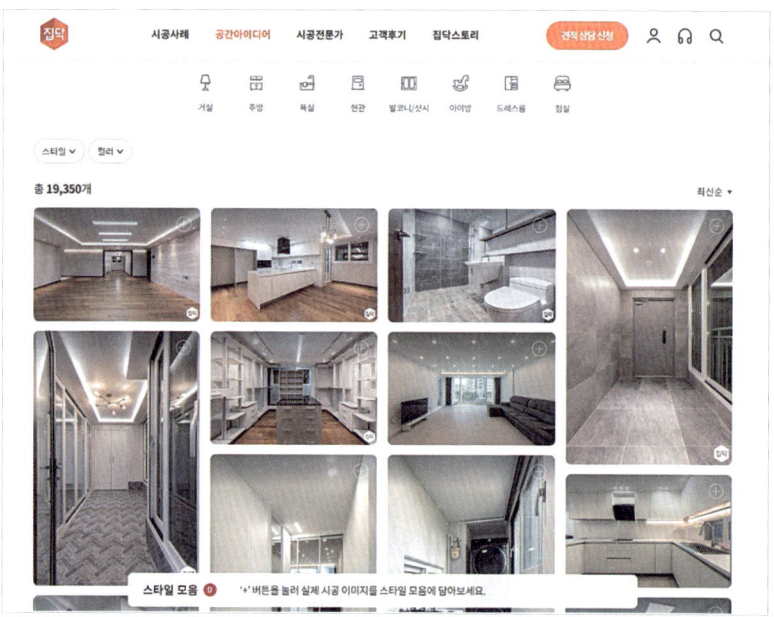

국내최대 견적비교 싸이트 집닥-최신트랜드를 알 수 있어서 종종 참조하고 있다 그런데 이상하게도 이 싸이트를 보고도 선택이 어려운 것은 그만큼 사람마다 취향이 제각각이라 그런것 같다

인테리어 설계 방향 결정하는 법

　인테리어를 시작하기에 앞서, 먼저 어떤 디자인 스타일로 할 것인지를 결정해야 한다. 참고할 만한 사이트로는 '집닥', '오늘의 집' 등이 있으며, 또한 인스타그램·유튜브·블로그 등 다양한 SNS를 활용해 본인이 좋아하는 스타일을 찾아보는 것도 좋다.

　오랜 기간 고객들을 만나오면서, 인테리어 취향은 크게 네 가지 범주로 나뉜다고 느꼈다. 바로 엔틱 & 클래식, 미니멀 & 모던, 젠 오리엔탈, 그리고 최근 등장한 '인테리어쑈(Interior Show) 스타일이다. 엔틱과 클래식은 구분하기도 하지만, 여기서는 하나의 범주로 묶어 보았다.

　현재 인테리어의 80~90% 이상은 미니멀 & 모던 스타일이 주류를 이루며, 필자의 고객들도 대부분 이 스타일을 선호한다. 약 10~15% 정도가 엔틱 & 클래식, 그리고 가장 적은 비율이 젠 오리엔탈 스타일을 선호하는 고객이다. 비슷해 보이는 미니멀 & 모던 스타일 안에서도 세부적인 표현 방식이 현장마다 다르기 때문에, 각 프로젝트에 맞춰 그때그때 현장 상황에 맞게 해석하고 적용하고 있다.

01 엔틱 & 클래식스타일

클래식 스타일(Classic Style)은 인테리어 경향 중 가장 오래된 스타일로 격식을 차린 포멀(fomal)하며 고급스러운 느낌의 스타일이며 유럽풍의 중세느낌으로 예술적이며 화려한 장식을 좋아하는 분들에게 어울리는 스타일이다. 클래식 스타일의 가장 큰 특징은 곡선이다. 대표적으로 크라운몰딩이라고 불리는 갈매기 몰딩같은 몰딩이 주로 사용되며 웨인스코팅같은 장식이 많이 사용된다. 조명은 주로 샹들리에가 사용되는 특징을 가지고 있다. 시공단가가 많이 올라가는 특징을 가지고 있으나 원래 이런 스타일을 좋아한다면 바로 도전해 보자.

이런 스타일을 선호 한다면 사전에 갈매기 몰딩과 웨인스 코팅을 잘하는 목수를 섭외해 두는 것인 필수이다. 목수에 따라 갈매기 몰딩을 못돌리는 목수가 있다. 많이 해본 목수가 아니면 속도가 나지 않는다. 갈매기 몰딩을 많이 해본 목수가 아니면 안 되니 사전에 언급해야 한다. 웨인스 코팅은 그래도 난이도가 낮은 편이긴 하나 비례가 중요하니까 웨인스 코팅 시공방법과 적절한 칸 나누기 비례를 아는 목수가 필요하다.

02 미니멀 & 모던 스타일

미니멀리즘 스타일(Minimalism Style)은 1960년대 후반, 미국의 젊은 작가들이 최소한의 조형 수단으로 회화와 조각을 제작하던 예술 운동에서 시작되었다. 이들은 감정과 장식을 최대한 배제하고, 순수하고 절제된 형태의 미학을 추구했다. 즉, 미니멀리즘은 불필요한 요소를 제거함으로써 더 이상 덜어낼 수 없는 완전함을 추구하는 예술 언어였다.

이 개념은 1970년대 후반부터 인테리어 디자인에도 적용되기 시작했다. 화려한 장식보다는 공간 자체의 구조와 비례, 조명, 재질감 등 순수한 형태미를 강조하며, 공간의 여백이 하나의 디자인 요소로 인식되었다. 이러한 흐름이 현대의 모던 인테리어 스타일로 발전했다.

스타일의 특징

미니멀 & 모던 스타일의 핵심은 **단순함(Simplicity)**과 **명료함(Clarity)**이다. 시각적으로 과한 장식은 배제하고, 정돈된 선과 절제된 색감으로 공간의 질서를 표현한다.

색채는 주로 화이트, 그레이, 베이지 등 무채색 계열을 기본으로 하며, 공간 전체에 통일감과 여유를 부여한다. 가구나 장식은 기능 중심으로 최소화되고, 조명 또한 장식용보다는 매립등·스포트라이트 등 기능적 조명이 주로 사용된다.

이러한 단순함은 차가운 느낌을 줄 수도 있지만, 적절한 조명과 질감의 대비를 주면 오히려 따뜻하고 세련된 공간이 완성된다.

현대 인테리어의 주류

현재 국내 인테리어의 대다수(약 80~90%)가 미니멀 & 모던 스타일을 기반으로 하고 있다. 이 스타일은 한국인의 정서와도 잘 맞는다. 깔끔하고 단정하며, 누구나 편안하게 느낄 수 있는 공간이기 때문이다.

최근에는 이러한 모던 인테리어를 중심으로, 다른 스타일을 부분적으로 믹스하는 경향이 강하다. 예를 들어 모던 베이스에 클래식한 조명이나 내추럴한 소재를 가미해 자신만의 개성을 표현하는 방식이다.

03 젠오리엔탈 스타일

가장 적은 고객이 선택하는 스타일이지만, 젠오리엔탈(Zen Oriental) 스타일은 인테리어 디자인 중에서도 가장 깊은 울림을 주는 멋진 스타일임엔 틀림없다. 이 스타일의 핵심은 절제된 감각과 여백의 미다. 불필요한 장식을 제거하고, 단순하고 간결한 형태 속에서 균형과 조화를 추구한다. 전체적으로 단정하면서도 부드러운 선을 강조하며, 화려함보다 고요한 아름다움을 드러낸다.

색감과 소재의 조화

젠 스타일에서 사용하는 색상은 대체로 절제된 중간톤이다. 대표적인 컬러인 **'웬지(Wenge)'**는 다크 브라운 계열로, 짙은 흑단의 차분함과 깊이를 느끼게 한다. 이 스타일이 미니멀리즘보다 더 따뜻하게 느껴지는 이유는 자연 소재가 가진 질감과 톤의 영향이다. 브라운, 베이지 등 자연에서 온 색들이 주는 안정감, 그리고 나무·돌·패브릭 등 천연 재료의 감촉이 공간에 차분하고 편안한 분위기

를 더한다. 패브릭 소재는 광택이 은은한 실크, 부드럽고 내추럴한 면(코튼), 그리고 통기성이 좋은 마(리넨) 등이 자주 쓰인다. 조명은 인위적인 메탈 대신, 우드 프레임이나 라탄 소재를 사용해 자연스러운 질감을 살린다.

자연으로 돌아가는 감성

오늘날처럼 기술이 발전한 시대일수록 사람들은 오히려 자연으로 돌아가려는 본능을 느낀다. 젠오리엔탈 스타일은 그런 현대인의 내면적 욕구를 반영한다. 인공적인 것보다는 근본적이고 원초적인 감각을 추구하며, 자연과 인간이 함께 숨 쉬는 공간을 만들어낸다.

동양의 정신, 서양의 절제와 만나다

젠오리엔탈 스타일은 동양의 미학 — 즉, 여백의 미 — 와 서양의 미니멀리즘 디자인 철학이 결합된 결과물이다. 동양의 감성과 서양의 구조적 절제가 만나 가장 단순한 형태 속에 가장 풍부한 의미를 담아낸다.

따라서 젠 스타일의 인테리어는 큰 장식이나 복잡한 구조가 필요 없다. 단지 하나의 오브제, 한 줄의 조명, 한 폭의 그림만으로도 그 공간의 분위기를 완벽히 표현할 수 있다.

요약하자면,

젠오리엔탈 인테리어는 비움으로 완성되는 디자인이다. 절제된 컬러, 자연의 질감, 간결한 형태, 그 속에 담긴 여백의 미가 사람의 마음을 편안하게 만든다.

그것이 바로 젠오리엔탈 스타일의 본질이자 매력이다.

04 인테리어 쇼 스타일

최근 유튜브에서 큰 인기를 끌고 있는 '인테리어 쇼' 채널에서 소개된 방식이다. 이 스타일은 하이엔드(High-end) 주택, 즉 고급스러운 주거 공간을 원하는 사람들을 위한 모던하면서도 고퀄리티한 설계 & 시공 방법을 제시한다.

'인테리어 쇼'의 유튜버가 자신의 아이디어와 감각으로 풀어낸 이 방식은 기존의 모던 스타일을 한 단계 발전시켜, 고급스러움과 실용성, 그리고 감각적 연출이 조화를 이루는 새로운 인테리어 경향으로 자리 잡고 있다. 물론 단점도 있다. 디자인 완성도를 높이기 위해 고급 자재와 세밀한 시공이 필요하기 때문에 비용이 다소 많이 든다. 그럼에도 불구하고 최근에는 이러한 방식이 하나의 독립된 인테리어 스타일로 인정받고 있다.

나만의 스타일 찾기

인테리어를 시작하려는 사람들에게서 가장 많이 듣는 말이 있다. "어떻게 시작해야 할지 모르겠어요." 그만큼 인테리어는 선택의 연속이다. 자재, 색상, 조명, 가구 등 결정해야 할 것이 너무 많다. 전문가가 옆에 있다면 금세 해결될 것 같지만, 결국 자신의 취향과 라이프스타일에 맞아야 진짜 '내 집'이 된다.

최근 어떤 클라이언트가 나에게 인테리어를 하려는데 뭘 보아야 할지 모르겠다고 해서 유튜브의 인테리어쇼 스타일을 소개해드렸더니 완전 자기 스타일이라고 이런 스타일로 해보고 싶다고 했다. 그분은 사실 이런게 있다고 누가 알려주

지 않았다면 몰라서 못했을 것이라고 한다. 인테리어쇼 스타일이 시공비가 많이 들어간다고 해도 알았기 때문에 비용을 더 지불하더라도 그런 스타일대로 하고 싶다고 했다. 어떠한 스타일이 있고 어떠한 디자인이 있는지 요즘은 인터넷의 영향력이 제일 큰것 같다. 사실 인테리어 시공뿐만 아니라 인테리어 트랜드 또한 모르시는 분들도 많다. 알고 안 하는 것과 몰라서 못 하는 건 다르기에…

　인테리어에서 가장 중요한 건 결국 예산이다. 예산에 맞춰 계획하고, 그 안에서 최대의 만족을 얻는 것이 진짜 실력이다.
대부분의 사람들은 화려하게 꾸미기보다 깔끔하고 편하게 정돈된 집을 원한다. 굳이 큰돈을 들이지 않아도, 기본적인 부분만 잘 손봐도 충분히 만족스러운 공간을 만들 수 있다. 하지만 막상 해보면 그 '기본적인 부분'조차도 쉽게 진행되지 않는다. 인테리어란 생각보다 신경 써야 할 게 너무 많기 때문이다.

처음 셀프 인테리어에 도전한다면, 공정을 최대한 단순화하는 게 좋다. 손이 많이 가는 목공이나 복잡한 시공은 줄이고, 단순한 공정 위주로 진행하면 하자를 미리 차단할 수 있다. 일정 관리도 쉬워지고, 무엇보다 비용 절감이 가능하다. 당연히 스트레스도 훨씬 줄어든다.

이 책은 바로 그런 분들을 위해 만들어졌다.
막연히 인테리어를 시작했지만 마치 태평양 한가운데 떠 있는 기분이 드는 분들, 어디서부터 어떻게 해야 할지 막막한 분들 말이다. 누군가 옆에서 조언해주듯 함께한다면, 스스로 빠르게 의사결정을 내리고, 일정과 비용을 모두 절감하면서 자신이 원하는 공간을 완성할 수 있다.
그것이 바로 이 책의 목표다.

무엇을 결정해야 하나?

　인테리어를 해야 하는데 무엇을 결정해야 하는지조차 모르겠다는 분들이 많다. 디자인에는 수많은 구성 요소가 있지만, 막상 하나씩 따져보면 어디서부터 손대야 할지 막막하다. 그런데 생각보다 결정해야 할 사항이 정말 많다. 처장 몰딩의 색상과 형태, 걸레받이 색상, 도배 색상, 현관 타일 색상, 방문의 색상과 재질, 마루와 샤시 프레임, 거실 바닥 마감재까지—하나하나 선택하다 보면 하루가 다 간다. 그래도 결국은 내 집이니까 내가 결정해야 한다. 문제는 그 과정이 너무 복잡하다는 것이다. 사실 방법은 의외로 단순하다.
"벽은 어떤 재질과 색상으로 할까?", "바닥은 어떤 느낌으로 마감할까?" 이 두 가지만 먼저 정하면 된다. 벽과 바닥은 면적이 가장 넓어 인테리어 전체의 인상을 좌우하기 때문이다. 벽과 바닥을 기준으로 나머지 요소를 맞춰가면 자연스럽게 톤앤매너가 정리된다. 빠트리지 않기 위해 아래에 주요 결정 항목 표를 정리했다. 표를 보면 선택할 게 많아 보이지만, 하나씩 선택하다 보면 점점 줄어든다. 많은 분들이 "결정하는 게 너무 힘들다"고 말하지만, 사실 그것은 가장 행복한 고민이다. 인간이 할 수 있는 가장 창조적인 고민이 바로 '내 공간을 어떻게 꾸밀까'이기 때문이다.

공통	방	화장실	거실	키친
천정몰딩색상	마루색상 및 사양	걸레받이 색상	도배색상	상부장 색상
걸레받이 색상	방문색상 및 사양	벽, 바닥타일 색상	이중창프레임색상	하부장 색상
도배색상	창문프레임색상	위생기구 색상 및 사양	터닝도어 색상	싱크대 타일 사양
현관 타일사양	작은방 베란다 타일	조명등	바닥색상	싱크대 상판대리석
바닥색상		줄눈색상		

화장실 디자인

화장실 역시 다양한 스타일과 분위기가 있다. 먼저 본인이 선호하는 스타일을 찾아보자. 화장실 인테리어의 첫 단계는 바닥 타일과 벽 타일을 결정하는 일이다. 이 두 요소는 공간의 전체 인상을 결정하는 캔버스 역할을 하기 때문이다. 일반적으로 벽 타일은 600×300(mm), 바닥 타일은 300×300(mm) 크기가 기준이다.

이보다 크거나 작아지면 시공 난이도와 비용이 함께 상승한다. 큰 타일은 무겁고 다루기 어렵고, 작은 타일은 붙이는 횟수가 많아 인건비가 증가하기 때문이다.

타일을 정한 다음에는 위생기기와 액세서리를 결정한다. 주요 위생기기는 세면대, 양변기, 샤워기이며, 이를 기준으로 수건걸이·휴지걸이·코너선반·거울장 등을 선택하면 된다. 거울장은 간접조명을 넣을지, 수납공간을 얼마나 확보할지를 함께 고려하면 좋다.

마지막으로 색상과 마감의 통일성을 잊지 말자. 예를 들어 크롬 컬러의 위생기기를 선택했다면 다른 액세서리도 동일한 크롬 톤으로 맞추는 것이 좋다.
골드 컬러를 선택했다면 전체적으로 골드 계열로 통일감 있게 구성하자.
이런 세심한 조화가 완성도 높은 화장실 인테리어를 만든다.

> **인테리어 Tip** **양변기는 투피스 치마형을 선택하는 것이 좋다**
>
> 양변기는 크게 원피스와 투피스, 직수형이 있다. 각각 장단점이 있지만 투피스 치마형을 선택하는 것이 가성비가 가장 뛰어나다. 설치도 편하고 구조상 세보력도 뛰어나다. 결정적으로 가격이 저렴하다.

양변기 종류

투피스 치마형 양변기
세정력, 조립용이성, 가격대 성능비가 우수하다.

직수형 양변기
디자인이 수려하다. 물탱크가 없어서 물때나 곰팡이가 생기지 않지만 세정력이 약하고 고가이다.

원피스 치마형 양변기
물탱크와 본체사이에 이음새가 없어서 일체감을 준다. 투피스에 비해 가격이 조금 비싸고 조립성이 조금 나쁘다.

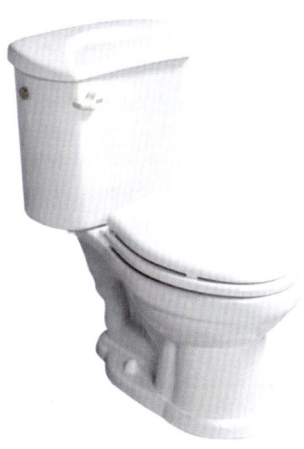

기본 일반형 양변기
가격이 저렴한 것이 특징이다.

샤워기 종류

일반 욕조형 샤워기

일반 욕조가 있는 곳에 주로 쓰이는 샤워기이지만 샤워실에도 슬라이드바와 같이 많이 쓰인다.

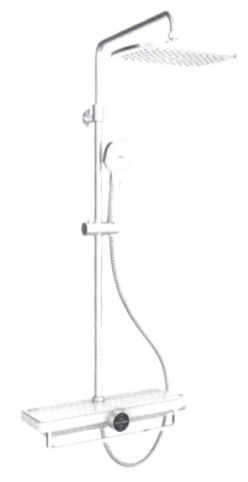

선반형 샤워기

선반과 같이 있어서 샴푸등을 올려놓아도 되어 편리하다.

슬라이드 바

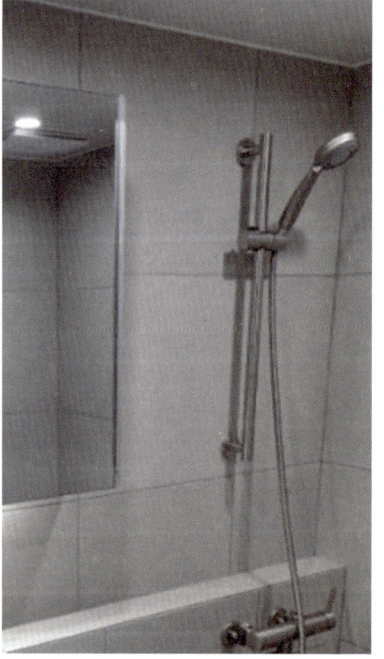

컬러 결정에 대한 어드바이스

　인테리어에서 색상을 정하는 일은 생각보다 까다로운 작업이다. 원하는 톤과 색상 계열 안에서, 공간 전체에 가장 조화로운 색의 조합을 찾아야 하기 때문이다.

예를 들어, 그래픽 프로그램 **아도비(Adobe)**의 **포토샵(Photoshop)**을 열어보면 아도비사가 만든 **색상환(Color Wheel)**을 확인할 수 있다. 그 안에는 비슷해 보이지만 서로 다른, 수많은 색의 미묘한 차이가 존재한다.

오늘날 대부분의 디자인 작업이 컴퓨터를 통해 이루어지면서, 이러한 디지털 색상 체계가 팬톤(Pantone) 등의 전통적인 색상 기준을 대체하며 새로운 색채의 표준으로 자리 잡았다. 그래픽 프로그램에서 구현된 색상을 실제 공간 디자인에 반영하려는 시도도 점차 늘어나고 있다.

색채 선택의 기본 원리

새로운 것을 보지 않으면 늘 같은 작업에 머무르게 되듯, 색상 선택 또한 새로운 시각을 받아들이는 태도가 필요하다. 최근에는 온라인에서도 색상 조합, 대비, 명도 조절 등 기초 이론부터 실무 조언까지 다양한 자료를 쉽게 접할 수 있다. 많은 고객들이 필자에게 가장 자주 하는 질문 중 하나가 바로 "색상 조합"에 관한 것이다. 필자는 디자인을 전공한 만큼, 그 질문에 대한 기본적인 방향을 아래와 같이 정리해보고자 한다.

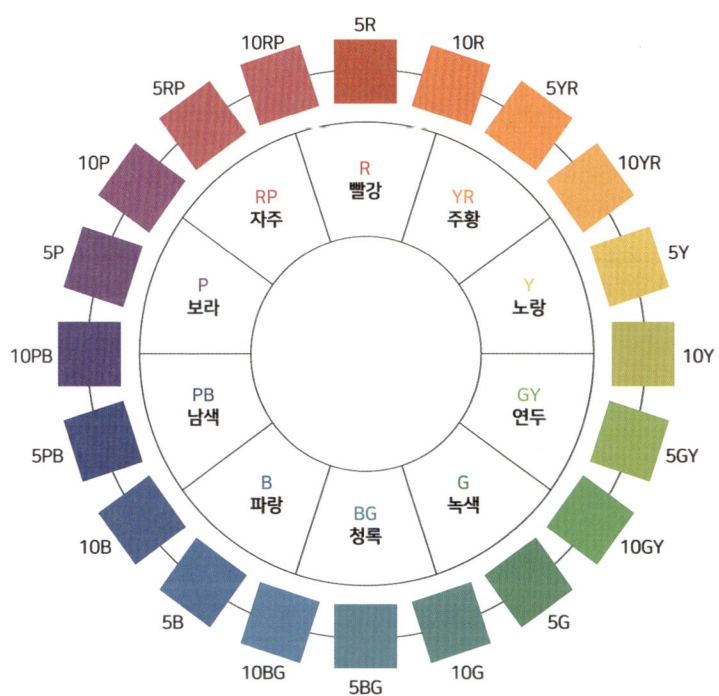

바로 위의 먼셀의 색상환의 색상이 원으로 동그랗게 원을
그리며 돌아가고 있다. 서로 마주 보고 있는 색상이 보색이기에
같이 사용하는 것은 신중을 기해야 한다.
서로 인접한 색상은 배색에 있어서 자연스러운 느낌을 준다.

색의 관계 이해하기

사람의 눈은 비슷한 색상끼리 배색될 때 가장 자연스럽다고 느낀다.
이는 **먼셀(Munsell)**의 색상환에서도 확인할 수 있다. 반대로 색상환에서 서로 마주 보는 색상은 보색(Complementary Colors) 관계에 있으며, 서로 강렬한 대비를 만들어 인상적인 느낌을 준다.

인테리어에서는 주로 **무채색(Neutral Colors)**이 많이 사용된다. 무채색이란 색상을 갖지 않는 색으로, 화이트·그레이·블랙이 대표적이다. 이들은 어떤 색과도 잘 어울리며, 전체 공간의 기본 톤을 잡아준다.

그러나 무채색만으로는 공간이 밋밋해질 수 있다. 따라서 **약한 보색 대비나 포인트 컬러(Accent Color)**를 부분적으로 활용하면 공간에 생동감을 더할 수 있다. 예를 들어 옐로우, 레드, 바이올렛, 블루, 그린 등의 원색 계열 중 채도가 낮은 톤을 선택하면 과하지 않으면서도 세련된 인테리어를 연출할 수 있다.

색상 선택의 실전 조언

색채 배색에 자신이 없다면 대부분을 무채색으로 구성하는 것이 가장 안전하다.
무채색은 잘못 써도 실패할 확률이 낮다.
그 위에 집 전체의 1~5% 정도만 포인트 컬러를 더하는 방식을 추천한다.
이렇게 하면 "컬러 선택을 잘못했다"는 평가를 받을 가능성이 80% 이상 줄어든다. 포인트 컬러는 쿠션, 조명, 액자, 식물 등 소품을 통해도 충분히 표현할 수 있다.

인테리어에 있어서 조금 다른 색상결정법

디자인 설계에는 여러 분야가 있다.
편집 디자인, 패션 디자인, 자동차 디자인, 그래픽 디자인 등 다양하지만, 인테리어 디자인은 색을 다루는 방식이 다른 독특한 분야다. 가장 큰 차이는 바로 무채색의 비중이 높다는 점이다. 인테리어는 하나의 완성된 작품이 아니라, 그 위에 가구와 조명, 생활이 더해져 완성되는 '스케치북' 같은 바탕 공간이기 때문이다.

무채색의 역할

만약 벽을 레드 계열의 원색으로 칠한다면 어떻게 될까? 처음엔 강렬하고 인상적이겠지만, 그 공간에서 생활하는 사람은 곧 시각적 피로감을 느끼게 된다. 원색은 시선을 강하게 끌지만, 오랜 시간 머물기에는 불편함을 준다.

반면 **무채색(White, Gray, Black)**은 채도가 없는 색으로, 사람의 눈에 안정감을 주고 다른 색과 조화를 이루기 쉽다. 그래서 인테리어에서 무채색은 공간의 기본 톤이자 정서적 균형을 잡는 색으로 사용된다.

비율의 원리

그래픽 디자인에서는 일반적으로 전체의 70~90%를 메인 컬러, **10~30%를 액센트 컬러(원색계열)**로 구성한다. 메인 컬러는 채도가 낮은 중간톤을 사용하고, 액센트 컬러는 원색이나 포인트 색으로 대비감을 준다. 하지만 인테리어는 이 비율이 다르다.
인테리어 공간에서는 액센트 컬러를 거의 쓰지 않거나, 있더라도 채도가 낮은 색을 사용해야 한다. 강렬한 원색을 직접 벽이나 바닥에 사용하는 경우는 매우 드물며 그 역할은 가구, 조명, 소품, 패브릭 등이 대신한다. 즉, 공간은 배경이 되고, 생활이 색을 완성한다.

실전 조언
인테리어 컬러를 고르기 어렵다면, "원색만 쓰지 않는다"는 원칙 하나만 기억하라. 그것만으로도 이미 절반은 성공한 셈이다.

무채색을 중심으로 공간의 톤을 정리하고, 필요하다면 은은한 톤의 포인트 색을 작은 면적에만 사용하는 것이 좋다. 그렇게 하면 시간이 지나도 질리지 않고, 가구나 조명이 바뀌어도 조화롭게 어울린다.

요약하자면,
인테리어의 색상은 '표현'이 아니라 '배경'이다. 색을 덜어내는 순간, 공간은 오히려 더 풍부해진다. 그것이 바로 무채색이 가진 가장 강력한 힘이다.

자재 구입방법

인테리어 공사가 시작되면 가장 먼저 선택해야 할 자재는 타일이다. 타일은 공정상 공사 초반부에 위치하기 때문이다. 대부분의 현장은 공사가 시작되면 곧바로 타일 작업에 들어간다. 하지만 많은 사람들이 간과하는 부분이 있다.
바로 타일의 배송 일정이다. 타일은 재고가 지방 창고에 있는 경우가 많아, 서울까지 운송하는 데 2~3일이 소요될 수 있다. 이 때문에 시공 일정에 차질이 생기지 않으려면 공사 시작 전 미리 타일을 확정해 두는 것이 중요하다.

타일 상가의 중심지 — 을지로와 학동역

국내 타일 자재상은 주로 을지로 3가와 강남 학동역 일대에 모여 있다. 을지로 3가 타일거리는 오랜 전통을 가진 상권으로, 좁은 골목길에 작은 매장이 밀집해 있다. 다양한 제품을 한눈에 비교할 수 있고, 장인 정신이 깃든 수입 타일이나 이색 제품도 만날 수 있다. 강남 학동역 주변에는 윤현상재, 유로세라믹, 마르코폴로 등 고급 타일을 전시하는 세련된 쇼룸형 매장이 많다. 트렌디한 디자인과 고급 자재를 선호한다면 이 지역을 추천한다.

변화하는 유통 구조 — 온라인 타일 시장의 부상

최근에는 온라인 마켓의 성장으로 오프라이 타일 상권이 점차 위축되고 있다. 을지로의 상점들이 하나둘 문을 닫는 모습을 보면 "온라인의 영향력이 정말 크구나"라는 생각이 절로 든다. 그러나 타일만큼은 직접 보고 고르는 것이 가장 안전하다. 사진으로는 질감, 표면의 광택, 색감의 미세한 차이를 정확히 판단하기 어렵기 때문이다.

특히 온라인 주문은 몇 가지 치명적인 단점이 있다. 배송 일정이 불확실하다. 택배 배송이 원칙이므로, 도착일이 정확하지 않다. 수량 문제가 생기기 쉽다. 타일이 모자라 추가 주문을 해야 할 때 동일한 로트(LOT)의 제품이 품절되어 색상이 미묘하게 달라질 수도 있다. 시공 일정 지연으로 이어질 수 있다. 이런 이유로 필자는 특별한 사정이 없는 한, 온라인 타일 주문을 하지 않는 것을 원칙으로 하고 있다.

넓고 다양한 선택 — 경기도권 타일 매장

시간이 허락한다면 경기도권 타일 매장을 방문해보는 것도 좋다. 지방에 위치한 매장은 넓은 쇼룸과 다양한 제품군을 갖추고 있어 직접 비교하고 선택하기에 좋다. 최근에는 수도권 외곽에도 감각적인 인테리어 쇼룸이 늘고 있다.

참고용 타일 상가 안내

아래는 필자가 실제 거래 경험이 있는 믿을 수 있는 타일 상가들의 주소다. 이는 어디까지나 개인적인 추천이며, 광고나 협찬과는 무관함을 밝힌다.

위치	상호	주소	연락처
강북	OK바스	서울시 중구 을지로206	황태웅 부장 010-4547-7406
	서린	서울시 중구 수표로 72	02-2279-6510
경기도 고양	피노	경기도 고양시 덕양구 서오릉로 688 피노타일	010-9387-3565
강남	윤현상재	서울시 강남구 학동로 26길	
	대제타일	서울시 강남구 학동로28길 12	02-3018-7477
	유로세라믹	서울시 강남구 논현로127길 14 유로 타워	02-543-6031

요약하자면,

타일은 인테리어의 첫 단추이자, 전체 공정의 흐름을 좌우하는 핵심 자재다.

시공 일정에 차질이 없도록 공사 시작 전에 반드시 타일을 확정하고, 가능하면 직접 보고 손으로 질감을 느끼며 선택하는 것이 좋다.

욕실 인테리어 자재 중에서도 위생기구와 악세사리 제품은 트렌드 변화가 가장 빠른 분야 중 하나다. 온라인 시장에서는 대표적으로 **대림바스(Daelim Bath)**와 아메리칸 스탠다드(American Standard) 제품이 인기가 많다. 또한 욕실 악세사리 브랜드 중에서는 **몬세라믹(Monceramic)**을 추천할 만하다. 디자인과 마감 품질이 우수하며, 온라인에서도 손쉽게 구입할 수 있다.

최근에는 네이버, 옥션, 쿠팡 등 다양한 온라인 플랫폼을 통해 새로운 욕실 제품이 매일같이 등장하고 있다. 예를 들어 휴지걸이가 필요하다면 단순히 "휴지걸이"라고 검색만 해도 가장 최근 출시된 여러 제품을 즉시 확인할 수 있다.

너무 빠르게 바뀌는 욕실 제품 시장

욕실 자재는 한 달에도 수십 가지 신제품이 쏟아져 나온다. 이 때문에 제품 정보를 지속적으로 업데이트하려면 사실상 전담 인력이 필요할 정도로 일이 많다.

예전에 한 고객이 다른 인테리어 회사의 '자동 견적 시스템'을 보여준 적이 있다. 그 시스템에서는 양변기, 세면대, 수전 등을 팝업창에서 바로 선택할 수 있었다. 겉보기에는 매우 편리했지만, 문제는 대부분이 이미 단종된 제품이었다.

욕실 위생기구는 단종 주기가 평균 6개월 내외로 매우 빠르다. 따라서 제조사별로 모든 제품 정보를 실시간으로 업데이트하는 것은 현실적으로 불가능하다.

가장 합리적인 선택 방법

욕실 제품을 선택할 때는 카탈로그보다 '현재 판매 중인 제품'을 기준으로 하는 것이 가장 현명하다. 그때그때 인터넷 검색을 통해 최신 제품을 확인하고, 리뷰나 사용 후기를 참고하여 선택하는 것이 좋다. 제품의 내구성, 디자인, 유지보수 편의성은 가격만큼 중요한 요소다. 브랜드 인지도에만 의존하지 말고, 현재 시장에서 가장 많이 팔리고, 좋은 평가를 받는 제품을 선택하는 것이 결과적으로 만족도를 높인다.

요약하자면,
욕실 인테리어는 변화의 속도가 빠르기 때문에 "지금 가장 좋은 제품"을 고르는 감각이 필요하다. 정해진 답은 없다. 새로 나온 제품 중에서 직접 비교하고 선택하는 것이 가장 합리적인 인테리어 방법이다.

★위생기구 온라인사이트

회사명	사이트주소
대림	https://www.daelmbath.com/
아메리칸스탠다드 가격을 볼 수 있는 온바스 라는 사이트	http://onbath.kr/
몬세라믹	https://smartstore.naver.com/monceramic

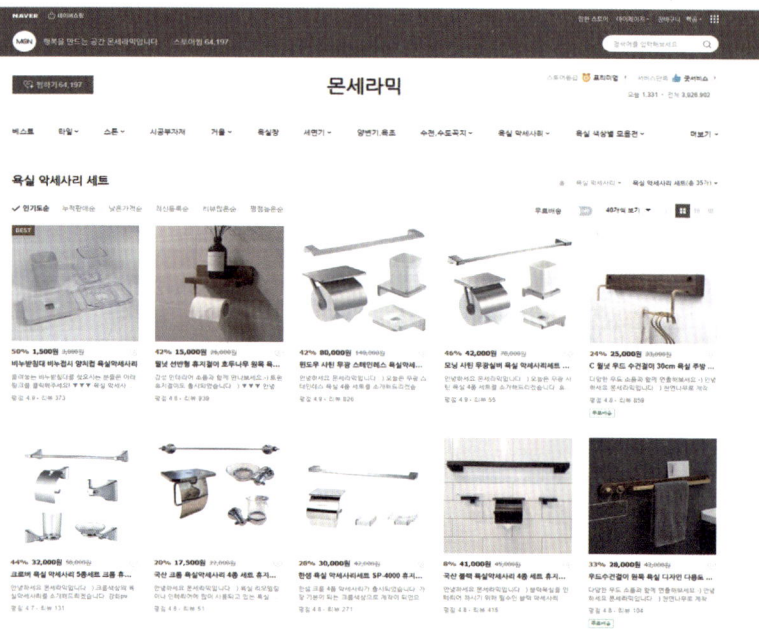

다양한 욕실 악세사리를 팔고 있는 몬세라믹 이 싸이트 이외에도 많으니 검색을 요한다.

Q&A 강남에서 타일을 사면 더 비싼가요?

"강남은 강남이다." 인테리어 업계에서 자주 듣는 말이다. 그만큼 강남 학동역 일대의 인테리어 자재상들은 수준이 높다. 경기 침체로 여러 곳이 문을 닫았지만, 여전히 많은 매장들이 탄탄한 품질과 감각으로 건재하다. 가끔 고객들이 묻는다.

"강남에서 타일을 사면 더 비싼가요?" 이에 대한 대답은 "그렇다고 단정할 수는 없다." 강남에도 저렴한 타일이 있고, 반대로 강북(을지로)에도 고가의 수입 타일이 많다. 가격은 단순히 지역이 아니라 브랜드, 수입국, 디자인, 마감 품질에 따라 결정된다. 다만 강남의 쇼룸은 확실히 다르다. 세련된 조명, 넓은 전시 공간, 감각적인 디스플레이 덕분에 같은 타일이라도 더 고급스럽고 완성도 있게 보이는 효과가 있다. 즉, 쇼룸의 연출력이 제품의 인상을 한 단계 끌어올리는 것이다.

최근에도 여러 고객분들이 강남과 강북(을지로) 타일 상가를 방문해 타일을 직접 고르셨다. 흥미로운 점은, 강남에서 고른 타일이 을지로보다 약 20% 정도 비쌌다는 것이다. 하지만 가격 차이만큼 고급감과 세련된 분위기가 있었다. 타일은 같은 규격이라도 브랜드, 질감, 표면 마감에 따라 인상이 전혀 달라진다. 따라서 타일을 고를 때는 강남과 을지로, 두 곳을 모두 방문해 비교해보는 것이 좋다. 을지로에서는 가격 대비 실속 있는 제품을, 강남에서는 디자인 감도와 질감이 뛰어난 제품을 확인할 수 있다. 이 두 곳을 모두 둘러보면 선택의 폭이 넓어지고, 자신에게 맞는 타일을 합리적으로 결정할 수 있다.

요즘 주목받는 세면기 — '바노스(BANOS)'

위생기기 제품 중 최근 특히 눈에 띄는 브랜드가 있다. 바로 **'바노(BANOS)'** 다. 이 브랜드는 디자인이 신선하고, 특히 배관이 노출된 형태의 세면기가 인상적이다. 기존 세면기에서는 보기 어려운 개방감과 미니멀한 라인이 돋보여 욕실 분위기를 한층 세련되게 만들어준다. 또한 바노스 제품의 대표님이 매우 친절하여 직접 상담이나 제품 문의를 해보는 것도 추천할 만하다.

바노스 제품 - 노출 배관을 가지고 있다

독특한 디자인의 앵글밸브를 가지고 있다. 하지만 구식 아파트 등에는
설치가 잘 안될 수 있으니 주의를 요한다.

서울 을지로 4가에는 조명거리가 있다. 한때는 수많은 매장이 늘어서 있었지만, 최근에는 온라인 쇼핑의 확산으로 문을 닫는 오프라인 매장이 늘고 있다.

일반적으로 조명 제품은 온라인보다 오프라인이 다소 비싸다. 특히 조명은 사진과 실물이 가장 다르게 느껴지는 품목이기에, 온라인 사진만 보고 구매하면 예상과 다른 경우가 많다. 직접 매장을 방문해 불빛의 색감·밝기·분위기를 확인한 뒤 구매하는 것이 가장 좋다. 다만 오프라인은 온라인보다 약 20~30% 정도 가격이 높은 경우가 많다.

물론 제품에 따라서는 오히려 오프라인이 더 저렴한 경우도 있다. 매장에서 조명을 보고 나서 결국 온라인에서 주문하게 되면 어딘가 미안한 마음이 들기도 한다. 개인적으로는 갈수록 줄어드는 을지로의 조명가게들을 볼 때마다 '이제는 육

안으로 조명을 비교해 볼 수 있는 곳조차 사라지는 건 아닐까 하는 불안감과 아쉬움이 함께 든다. 부디 더는 사라지지 않았으면 하는 바람이다.

조명을 선택할 때 함께 고려해야 할 중요한 요소가 있다. 바로 스위치와 콘센트 같은 전기 부자재다. 이들은 단순한 기능품이 아니라, 공간의 완성도를 좌우하는 시각적 디테일이기도 하다. 조명 매장에 방문하면 다양한 스위치와 콘센트 제품이 전시되어 있다. 최근 출시된 제품들을 직접 살펴보며 디자인·질감·조작감을 비교해 보는 것이 좋다. 작은 차이가 공간의 인상을 크게 바꾸기도 한다.

추천 제품 — 디자인과 실용성의 조화

필자가 오랜 기간 사용해 온 제품 중 가장 만족도가 높은 것은 미경전자의 '디아테(DIATE)' 제품이다. 통아크릴 소재로 제작되어 표면이 깨끗하고 투명하며, 모던하고 심플한 디자인이 돋보인다. 지금까지도 이보다 나은 제품은 찾기 어려웠다. 중저가 제품군으로는 르그랑(Legrand)의 '아펠라(Appela)' 시리즈를 추천한다. 군더더기 없는 디자인에 깔끔한 마감이 인상적이다. 가격도 합리적이어서 디아테를 사용하지 않을 경우 주로 이 제품을 선택한다.

한편, 고급형 제품을 원한다면 독일의 '융(Jung)' 제품이 단연 돋보인다. 정교한 마감과 감각적인 디자인이 특징이지만, 가격이 상당히 높고 설치가 까다롭다는 점을 염두에 두어야 한다. 최근에 카피 제품이 많이 출시되었다.

오프라인의 매력 — 을지로 4가 조명거리

조명을 고를 때는 을지로 4가의 조명거리를 한 번쯤 방문해보길 권한다. 크고 작은 쇼룸들이 밀집해 있어 다양한 제품을 한눈에 비교할 수 있다. 오프라인 매장의 가장 큰 장점은 실물을 직접 보고 구매할 수 있다는 점이다. 제품의 크기감, 조도, 색온도 등을 눈으로 확인할 수 있고, 문제가 생겼을 때 AS가 빠르고 편리하다. 또한 일부 매장은 고객의 취향에 맞춘 맞춤형 조명 제작 서비스를 제공하기도 한다. 물론 온라인 쇼핑도 장점이 많다. 다만 조명이 파손되거나 잘못 배송되었을 때 반품·교환 과정이 번거로울 수 있다는 점을 고려해야 한다.

자재 선택의 새로운 시대

요즘은 인테리어 자재를 고르는 일도 훨씬 쉬워졌다. 네이버에 '거실 타일', '디자인 거실등' 같은 키워드만 입력해도 최신 유행 제품과 다양한 시공 사례를 손쉽게 확인할 수 있다. 심지어 필름, 도배지, 마루 샘플도 온라인으로 주문하거나 자재상에서 직접 선택할 수 있다. 신제품 출시 주기가 워낙 빨라 한 달 단위로 트렌드가 바뀔 정도다.

이제는 정보의 홍수 속에서 자신의 취향과 예산에 맞는 제품을 효율적으로 선별하는 안목이 필요하다. 다음 사진은 가격별 추천 스위치, 콘센트이다. 30평대 기준으로 30~40개의 스위치 & 콘센트가 들어가는데 스위치는 가격이 나가는 것으로 고르고 콘센트 같이 밑에 달리는 것은 일반 진흥 콘센트를 골라도 무방하다. 사람시선에 있는 것은 중요하지만 콘센트 같이 밑에 달리는 것은 크게 신경 쓰이지 않기 때문이다

   나머지 자재들은 예를 들어 벽지면 벽지대리점. 필름은 필름대리점에 문의해서 구하면 된다.

가장 추천하는 제품은 왼쪽 그림의 미경전자의 디아테 스위치와 콘센트 제품이다. 투명 아크릴의 깨끗함이 언제 보아도 좋다. 단점은 약간 세로로 긴편이기에 도배를 할 때 기존 콘센트를 제거하고 세로폭을 감안해서 도배를 하는 것이 좋다. 기존 콘센트 크기 그대로 따네면 작을 수 있다.

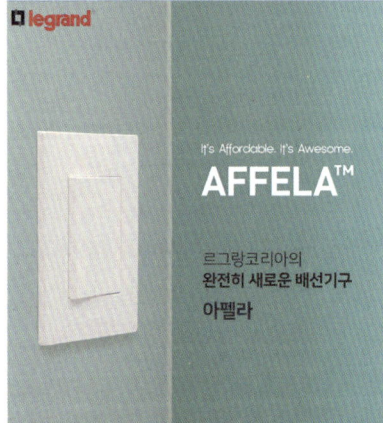

왼쪽 사진은 르그랑의 아펠라 제품이다. 무난하고 중저가 제품임으로 부담이 없다. 적당하고 무난한 것을 찾는 다면 단연 이제품이다. 르그랑제품중 상위 것은 더 디자인이 좋고 가격도 만만치 않다. 르그랑 코리아 홈페이지에서 살펴 볼수 있다.

독일의 융사의 제품으로 가장 심플하고 세련되어 있다. 조립과 설치가 조금 까다롭다. 잘 설치 못하면 약간 어긋나 보이는 면도 있는듯.

융사의 스위치도 비슷하면서 다양한 제품을 출시하고 있다. 융코리아일렉트로닉 홈페이지에 방문하면 정말 이렇게 다양한 제품이 많고 세계적으로 유명한 브랜드라는 것을 알 수 있다.

조명설계 방법

조명설계는 인테리어의 핵심 요소이자, 독립된 학문 분야로서 책 한 권으로도 다 담기 어려울 만큼 방대한 영역이다. 조명을 잘못 설계하면 인테리어 전체의 인상에 큰 영향을 미친다. 그만큼 중요하기에 이 책에서도 조명에 대해 일부 지면을 할애하였다.

인테리어 공정에서 조명은 대체로 마지막 단계에 설치되지만, 완성된 조명을 켜는 순간 비로소 인테리어가 완성되었다고 느끼는 사람들이 많다. 그만큼 조명은 공간의 분위기를 결정짓는 중요한 요소이며, 어쩌면 인테리어의 절반 이상을 차지한다고 해도 과언이 아니다.

셀프 인테리어를 진행할 때 반드시 고려해야 할 요소는 두 가지다. 바로 조명의 밝기와 **조명의 색상(색온도)**이다. 밝기는 일반적으로 룩스(lux) 단위로 측정되며, 에너지 사용량으로는 와트(W)로 표시된다. 색상의 경우 켈빈(Kelvin, K) 단위로 표현되며, 이를 '케이(K)'라고 줄여 부르기도 한다. 이 단위를 통해 조명의 색온도를 구분할 수 있다.

조명 설계 시 어느 정도 밝기가 적당한지 판단하기 어려울 때는 간단한 기준을 활용할 수 있다. '1평당 약 10W' 정도로 계산하면 된다. 예를 들어 3평 공간에는 30W, 10평 공간에는 100W 정도의 밝기가 필요하다. 다만 이는 기본적인 기준일 뿐이며, 천장 높이(층고)가 높을수록 더 밝은 조명이 필요하다. 또한 사용자 연령에 따라 시각 인식이 달라지므로, 연령대가 높을수록 더 높은 밝기를 확보하는 것이 좋다.

그리고 조명의 색온도, 즉 노랑(전구색)이냐? 하얀색(주광색)이냐?를 고민하신다면 일단 식탁등은 노랑(3000K)이고 나머지는 백색6000~6500K이라고 생각하면 된다. 최근에 조명설계가 웜해지고 따듯해지고 있다. 어떤 분은 모든 룸에 노랑색인 3000k조명을 시공하시고 어떤 분은 백색인 6500k를 시공하신다.

평소 내가 무슨 색상의 조명을 좋아하는지 생각해보는 것도 좋다.

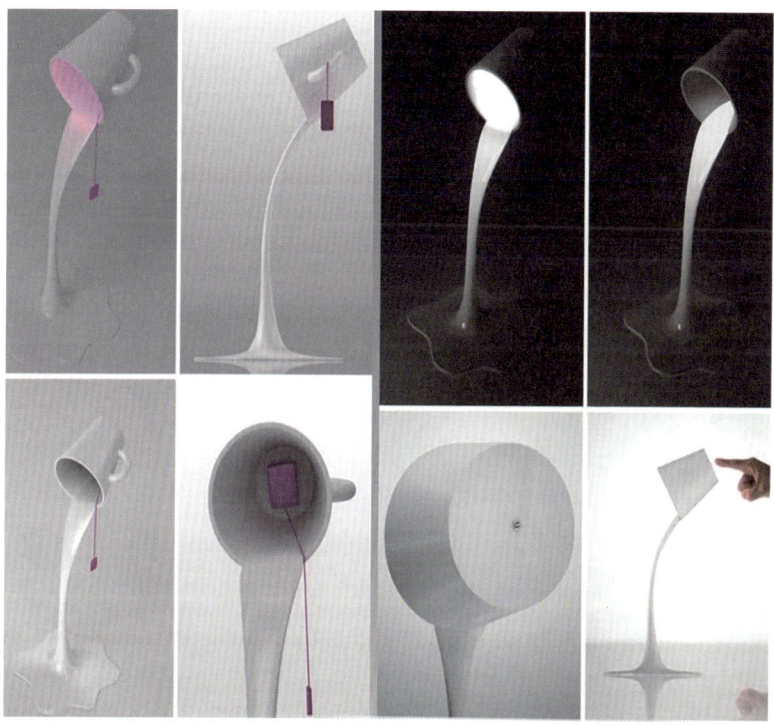

기본이 되는 조명색 온도와 CRI(연색성)

전구색(노란빛)은 3000K, 주백색은 4000K, 주광색(하얀빛)은 6000~6500K로 구분된다. 전구나 조명기기를 살펴보면 이와 같은 숫자와 함께 항상 'K'(Kelvin) 단위가 표기되어 있다. 'K'는 **색온도(Color

Temperature)**를 나타내는 단위로, 빛의 색감을 구분할 때 사용된다. 일반적으로 색온도가 낮을수록 노란빛·붉은빛, 높을수록 하얀빛·푸른빛을 띤다. 최근에는 따뜻함과 밝음이 조화를 이루는 주백색(4000K) 조명이 인기를 얻고 있다. CRI라고 말하는 빛의 연색성이 높은 조명이 좋다.

CRI(연색성)란 자연광에서 본 사물의 색과 특정 조명이 어느 정도 유사한가를 수치로 나타낸 것이다.측정 방법은 DIN6169에 따라 정해진 여덟 종류의 시험 색을 측정하고자 하는 광원과 기준광원 아래에서 본 것의 차이로 측정한다. 측정한 광원이 기준 광원과 같으면 Ra100으로 나타내고, 색 차이가 클수록 Ra값이 작아진다.

지수가 100에 가까울수록 연색성이 좋은 것을 의미하며, 지수가 낮을수록 색 재현도가 떨어진다. 일반적으로 평균 연색지수가 80을 넘는 광원은 연색성이 좋다고 할 수 있다

[네이버 지식백과] 연색성 [Color Rendering] (손에 잡히는 방송통신융합 시사용어, 2008.12.25)

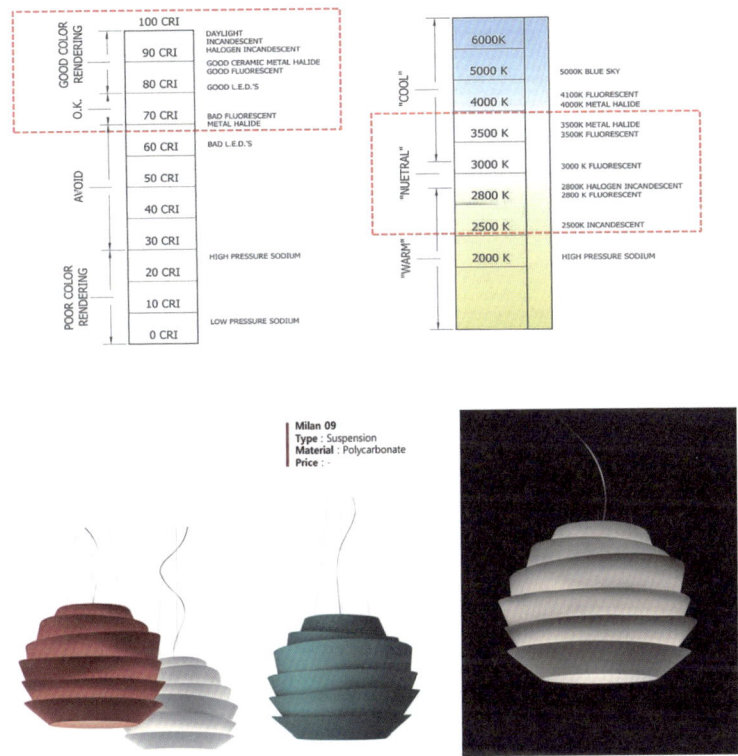

Milan 09
Type : Suspension
Material : Polycarbonate
Price : -

　조명 설계란 공간 안에서 무엇을 밝게, 무엇을 어둡게 할 것인가를 결정하는 작업이다. 전반조명·간접조명·스포트조명을 어떻게 배치하느냐에 따라 공간의 인상과 활용성이 달라진다. 조명설계 스케치를 할 때는 이 세 가지 요소를 전체적으로 조화시키는 것이 핵심이다.

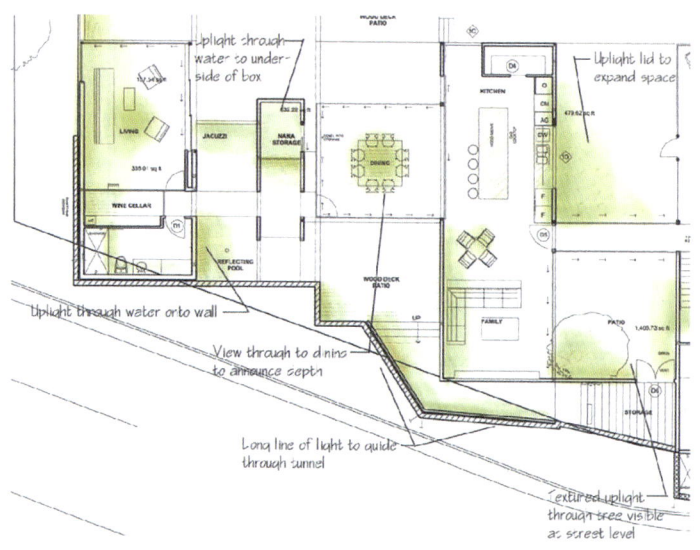
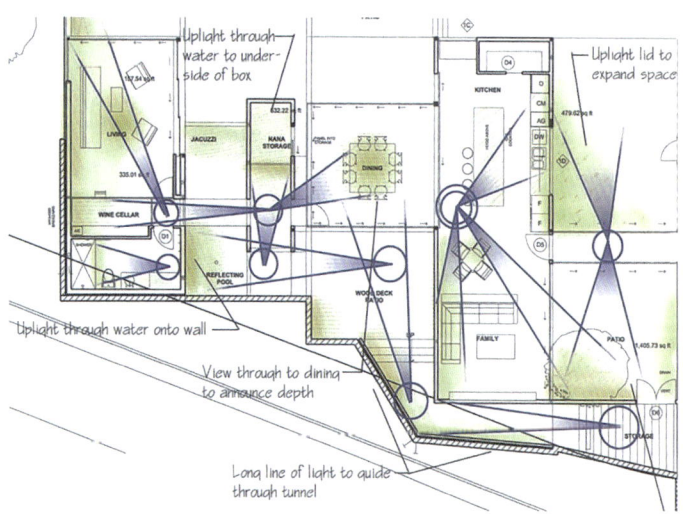

Figure 9.7 The effects of diffuse light (left) are often the product of diffuse lamps (right) and luminaires with engineered reflectors and larger sources (right).

Figure 9.8 Effects of very diffuse light (left) are often the product of luminaires with diffusers and diffuse sources (right).

Figure 9.5 Effects of very directional light (left) are often the product of very directional lamps and luminaires with engineered reflectors and small sources (right).

Figure 9.6 Effects of directional light (left) are often the product of directional lamps.

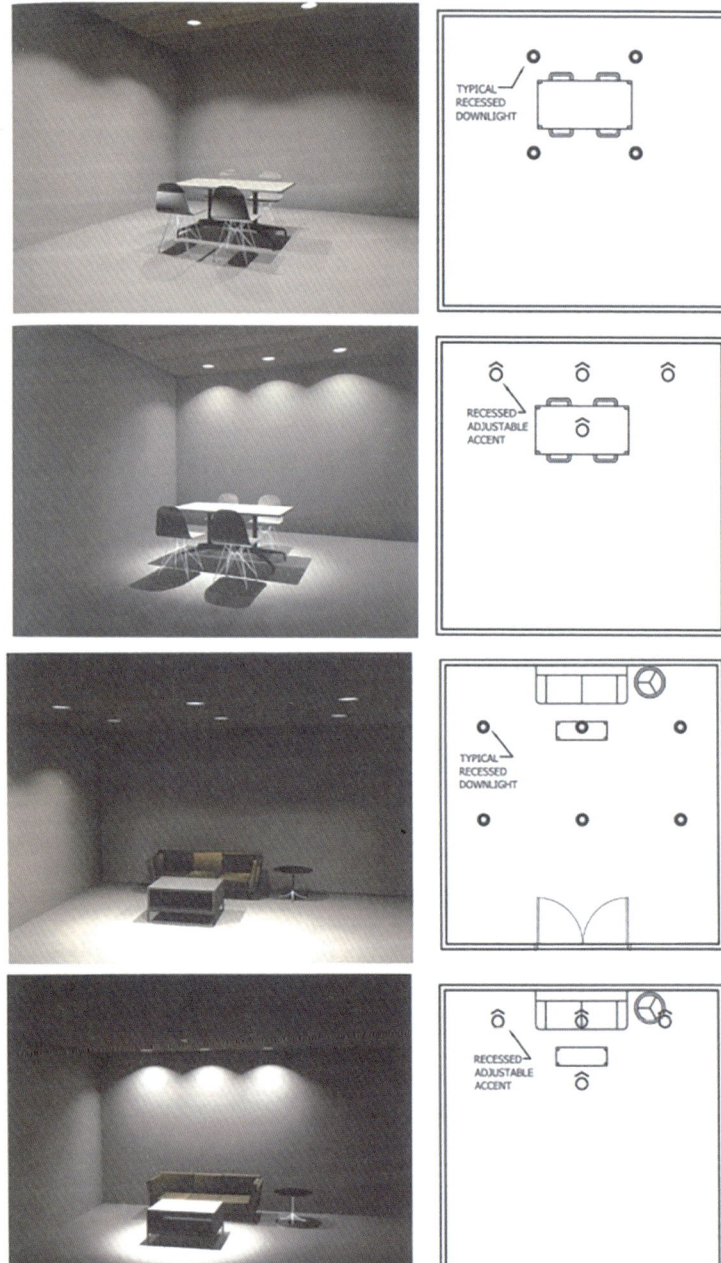

거실

거실은 주거공간에서 가족의 의미를 상징적으로 드러내는 대표적 공간으로, 대화·오락·휴식·독서 등 다양한 활동이 이루어지는 다목적 공간이다. 이 공간은 다른 실에 비해 상대적으로 넓어 **균제도(조도 분포의 균일성)**가 떨어지기 쉬우며, 이에 따라 공간 내 급격한 조도 차이가 발생할 수 있다. 따라서 전체적으로 균일한 밝기를 확보하기 위한 조명계획이 필요하다. 또한 거실에는 일반적으로 **대형 창문을 통한 자연광(주광)**이 풍부하므로, 주광과 인공조명의 조화 및 조절 방법을 함께 고려해야 한다. 더불어 거실은 방과 방을 연결하는 중심 공간의 역할도 하므로, 동선 및 시각적 연속성을 고려한 조명계획이 중요하다.

거실의 조도 기준은 약 300~400lx, 색온도는 3000K~5000K 범위가 적정하며, 밝고 쾌적한 분위기를 연출할 수 있다. 또한 **연색평가지수(CRI)**가 높은 광원을 사용하는 것이 바람직하다. 거실은 행위의 종류가 다양하기 때문에 하나의 고정된 조도값을 적용하기 어렵다. 따라서 조광제어(Dimming) 시스템이나 ON/OFF 패턴 스위치 등을 활용해 유연하게 밝기를 조절할 수 있는 계획이 필요하다. 아울러, 독서·휴식·TV 시청 등 개별 행위에 맞추어 **적절한 위치에 국부 조명(Local Lighting)**을 보완적으로 설치함으로써, 기능적이면서도 감성적인 조명 환경을 조성할 수 있다.

거실 조도 기준

전반조도(+0cm) 150~300(lx)
작업면조도(+85cm) 300~500(lx)
평균조도산출방법 IES 4점법

침실

　침실은 프라이버시 보장이 강하게 요구되는 사적공간으로 휴식과 안정, 스트레스 해소를 위한 안락한 공간이여야 한다. 따라서 부드러운 빛 연출로 눈부심이 없는 전반조도와 더불어 화장이나 독서와 같은 작업에 필요한 조도는 국부조명을 이용하여 필요 조도를 계획해야 한다. 그리고 안방의 분위기와 맞는 조명기구형태의 선택도 필요조도와 중요한 사항이다.

　전반조도는 60~150lx의 범위로 계획하고 화장이나 독서와 같은 작업조도는 연령을 고려하여 계획한다. 보통 40대 미만일 경우 작업조도는 300lx를 기준으로 하고 50대 이상일 경우에는 500lx를 기준으로 한다. 그리고 색온도는 부드러우며 편안한 분위기를 위한 은백색의 3000k~4000k범위를 기준으로 하여 연색평가지수가 (CRI)가 높은 광원이 좋다.

노부모방

　노부모방의 경우, 노인의 시각을 고려하여 순응에 대한 색온도 계획 및 조도 계획을 하여야 한다. 노인의 시각은 젊은 사람들보다 약 2~3배 정도의 밝기가 요구되기 때문에 이러한 특성을 고려하여 조도계획을 해야 한다. 그리고 나이가 들수록 젊은 사람에 비해 눈부심 발생이 현저하게 증가한다. 특히 60세 이상에서는 급속하게 상승하고 20세인 사람에 비해서 70세의 고령자는 2배의 눈부심 효과를 받아 2배의 눈부심을 느끼게 되며, 80세가 되면 3배가 되는 것으로 알려져 있다. 그러므로 눈부심이 적은 조명기구 사용과 균제도에 특히 유의해야 한다. 전반조도는 300lx 기준으로 하며 독서와 같은 시작업이 일어나는 경우의 작업조도는 600~900lx로 국부조명을 이용하여 필요조도를 얻도록 한다. 그리고 색온도는 편안하고 안정감 있는 분위기 연출을 위해 3000k~5000k의 범위를 기준으로 한다.

어린이 방

어린이방은 연령대에 적합한 눈높이 디자인과 안전성이 고려되어야 하는 공간이다. 조명은 어린이의 시력 발달에 직접적인 영향을 미치므로, 눈부심(Glare)을 최소화한 전반 조명이 바람직하다. 조명기구는 반드시 천장이나 벽면에 견고하게 고정하여 안정성을 확보하고, 아이의 손이 닿지 않는 위치에 설치해야 한다 학교 입학 전 아동의 경우 스탠드 조명 사용은 가급적 피하는 것이 좋다.

학생방의 경우 학습 및 독서 등 세밀한 시각 활동이 많기 때문에, **전반 조명과 국부 조명(Local Lighting)**의 조합이 중요하다. **책상 위의 데스크 라이트(작업등)**는 빛의 방향을 자유롭게 조절할 수 있어야 하며, 전반 조명을 보완함으로써 **균제도(조도 분포의 균일성)**를 높이고 극심한 밝기 대비로 인한 눈의 피로를 줄이는 역할을 한다.

조명 설계 시 작업 조도는 약 600lx, 색온도는 3000K~5000K 범위가 적절하며, 따뜻하면서도 쾌적한 학습 분위기를 조성할 수 있다. 또한 **연색평가지수(CRI)**가 높은 광원을 사용해야 색 인지 능력과 시력 보호에 유리하다. 특정 행위나 용도에 따라 더 높은 조도가 필요할 경우에는 **국부 조명(Spot 또는 Task Light)**을 추가하여 필요한 조도를 확보한다.

서재

서재는 독서나 공부와 같은 작업을 위한 공간으로서 작업면 조도가 매우 중요하다. 작업면의 조도기준은 약 750lx로써 매우 높은 조도는 매우 밝고 전"K도가 매우 어두울 경우 동굴효과(CAVE EFFECT)가 나타나고 눈의 피로가 가중된다. 그렇기 때문에 작업면조도와 전반조도의 차이가 너무 심하지 않게 보이게 하기 위해 균제도를 좋게 한다. 그리고 밝고 눈부심이 적으며 아침과 낮의 광색인 4000~5000k의 램프로 고조도의 조명을 한다.

　침실조도 기준
　전반조도(+0cm) 160~150(lx)
　삭업면조도(+85cm) 300~600(lx)
　평균조도산출방법 KS 5점법

주방 및 식탁

　주방은 조리와 세척 등 세밀한 작업이 이루어지는 기능적 공간으로, 밝고 청결한 분위기를 유지하는 것이 중요하다.

특히 조리대에서는 자르기·다듬기·조리도구 사용 등 정밀한 시각 활동이 많기 때문에, 연색평가지수(CRI)가 높은 광원과 400lx 이상의 충분한 조도가 요구된다. 조명 설계 시에는 **직접적인 눈부심(Glare)**이나 조명에 의해 생기는 작업면의 그림자가 조리 행위를 방해하지 않도록 주의해야 한다. 그림자 발생을 줄이기 위해 조명기구의 설치 위치를 적절히 조정하고, 필요 시 **간접조명이나 보조 램프(Under-cabinet Lamp 등)**를 병행하여 균일한 밝기를 확보한다.

또한 주방은 **밝고 위생적인 이미지를 연출하기 위해 주광색(약 6500K)**의 광원을 사용하는 것이 일반적이다. 특히 작업면의 조도가 400lx 이하로 떨어지지 않도록 유지해야 하며, **보조조명이나 국부조명(Task Lighting)**을 추가 설치하여 필요한 조도를 확보하는 것이 바람직하다.색온도는 최근 6500K-4000K-3000K로 점차 Warm 해지는 추세!

주방 조도 기준

전반조도(+0cm) 60~150(lx)
작업면조도(+85cm) 400~600(lx)
평균조도산출방법 KS 5점법

식탁

식탁 조명 설계는 단순한 밝기 확보를 넘어, 음식의 색감과 질감을 돋보이게 하고 식사식탁 조명은 단순히 시각적 밝기를 제공하는 기능을 넘어, 가족 간의 소통과 식사의 분위기를 연출하는 중요한 요소로 작용한다. 따라서 식탁 상부에는 **식탁 면을 집중적으로 비추는 엑센트 조명(Accent Lighting)**이나 **팬던트 조명(Pendant Light)**을 사용하는 것이 일반적이다. 이러한 조명은 식기의 질감과 음식의 색감을 더욱 생동감 있고 자연스럽게 표현해 주며, 공간에 따뜻한 포인트를 부여한다.

광원은 연색평가지수(CRI)가 높은 제품을 선택해야 음식의 색상이 왜곡되지 않고, 식욕을 돋우는 시각적 효과를 얻을 수 있다. 또한 색온도는 2500K~3500K 범위의 전구색 또는 웜화이트 계열이 적합하며, 따뜻하고 아늑한 분위기를 연출할 수 있다.

식탁면의 작업 조도는 약 400lx 이상이 적정하며, 팬던트 조명이나 다운라이트 등을 조합하여 충분한 밝기를 확보한다. 이때 조명기구의 높이는 눈부심(Glare)이 생기지 않으면서 식탁 전체를 고르게 비출 수 있도록 조정해야 한다. 일반적으로 식탁 상판으로부터 약 700~800mm 높이에 설치하는 것이 적당하다.

식탁 조도 기준

작업면조도(+85cm) 400~600(lx)
평균조도산출방법 KS 5점법

화장실

화장실 및 욕실은 생리적 기능을 수행하는 위생공간이자, 개인의 휴식과 독립성이 보장되는 사적 공간이다. 따라서 기능적 요구를 충족함과 동시에 청결하고 편안한 분위기를 연출할 수 있는 조명계획이 필요하다. 이 공간은 물과 습기에 자주 노출되며 청소 빈도가 높은 편이므로, 내습성과 내오염성이 우수한 조명기구와 광원을 사용해야 한다.

조명기구는 습기나 물기 접촉에 대비해 방수형 커버 또는 방수형(IP 등급이 높은) 제품을 사용하는 것이 바람직하다. 천장에 김이 서리기 쉬운 환경적 특성을 고려할 때, **벽부등(Wall-mounted Light)**의 설치가 효율적이며 유지관리도 용이하다. 또한 세면, 면도, 화장 등과 같이 세밀한 작업이 이루어지는 공간이므로, 일반 전반조명보다 상대적으로 높은 조도 수준이 요구된다.

조도 기준은 공공시설 권장 조도인 약 200lx를 기본으로 하며, 세면대 주변은 300lx 이상을 확보하도록 **국부조명(Local Lighting)**을 병행하는 것이 좋다. 특히 거울과의 관계가 매우 중요하므로, **수직면 조도(Vertical Illuminance)**를 충분히 확보하여 얼굴이 자연스럽게 비치고, 그림자가 생기지 않도록 계획해야 한다.

색온도는 3000K 전후의 따뜻한 전구색을 사용하면 아늑하고 편안한 분위기를 연출할 수 있으며, 6500K 주광색은 자연광이 들어오는 듯한 밝고 청결한 이미지를 구현한다. 따라서 사용 목적과 인테리어 콘셉트에 따라 두 가지 색온도를 적절히 선택하거나 혼합하여 적용하면 심리적 안정감과 공간의 기능성을 동시에 확보할 수 있다.

화장실 조도 기준

전반조도(+0cm) 60~150(lx)

작업면조도(+85cm) 150~300(lx)

평균조도산출방법 KS 5점법

현관

현관은 주거공간에서 주택의 전체 분위기와 첫인상을 결정짓는 공간으로, 입구의 인지성과 방문객의 편의를 동시에 만족시켜야 한다. 따라서 출입 동선의 명확한 인식과 환영의 느낌을 줄 수 있는 조명계획이 중요하다. 현관은 옥외와 실내를 연결하는 전이(Transition) 공간이므로, 밝기의 대비가 과도하지 않도록 눈의 순응(Adaptation)을 고려한 조도계획이 필요하다.

또한 열쇠를 찾거나 신발을 신는 등 기능적인 행위가 이루어지는 공간이므로, **충분한 전반조도(General Lighting)**를 확보해야 한다. 많은 경우 현관에는 거울이 설치되어 있는데, 이때 조명이 거울면에 직접 반사되어 **눈부심(Glare)**이 발생하지 않도록 주의해야 한다. 조명기구는 천장이나 벽면에 설치하되, 빛이 사용자의 시선 방향으로 직접 들어오지 않도록 조정하는 것이 바람직하다.

복도는 현관으로부터 내부 공간으로의 동선을 유도하는 연결 공간으로, 안전한 이동을 위한 균일한 밝기 확보와 함께 심리적 안정감을 줄 수 있는 조명 연출이 중요하다. 특히 낮은 위치의 벽부등이나 간접조명은 긴장감을 완화하고 아늑한 분위기를 조성하는 데 효과적이다.

조도 기준은 전반조명 약 100lx를 기본으로 하며, 필요 시 **국부조명(Local Lighting)**을 병행하여 열쇠 찾기나 물건 확인 등의 세부 작업 조도를 확보한다.

현관 조도 기준

전반조도(+0cm) 60~150(lx)
작업면조도(+85cm) 200~500(lx)
평균조도산출방법 KS 5점법

드레스룸 및 파우더룸

드레스룸 및 파우더룸은 의복 착용과 화장 등 세밀한 시각 활동이 이루어지는 공간으로, 기능에 따라 충분한 조도 확보가 필요하다. 드레스룸은 옷을 고르고 착용하는 공간으로, 옷의 색상과 질감이 정확하게 인식될 수 있도록 밝고 균일한 조명이 중요하다. 따라서 전반조명은 약 150lx, 단장을 위한 구역은 300lx 정도가 적당하다. 특히 조명의 색온도나 연색성이 낮을 경우 옷의 색이 왜곡될 수 있으므로, 연색평가지수(CRI)가 높은 광원을 사용하는 것이 바람직하다.

파우더룸은 얼굴 화장과 같은 세밀한 작업이 이루어지는 공간이므로, **그림자가 생기지 않도록 국부조명(Local Lighting)**을 병행해야 한다. 화장대 위 수평면과 거울면의 **수직조도(Vertical Illuminance)**를 충분히 확보하여, 얼굴의 윤곽과 색상이 자연스럽게 표현되도록 계획한다. 이때 조도는 약 300~500lx, **색온도는 4000K 전후의 중성광(Neutral White)**이 적당하며, 연색평가지수가 높은(High CRI) 광원을 사용해 부드럽고 자연스러운 분위기를 연출한다.

드레스룸 및 파우더룸의 조도 기준

전반조도(+0cm) 60~150(lx)

작업면조도(+85cm) 300~600(lx)

평균조도산출방법 드레스룸 IES 4점법, 파우더룸

셀프 인테리어를 하기 위해 인테리어 시공학원으로?

"내가 알아야 다른 사람을 부릴 수 있다."

참으로 멋진 말이다. 예로부터 내려오는 삶의 지혜이자, 누구나 공감할 수 있는 진리다. 그렇다면 그런 것을 가르쳐주는 곳이 있을까? 있다. 바로 인테리어 시공학원이다. 시간적 여유가 있는 분이라면 한 번쯤 학원에 등록해 배워보는 것도 좋은 방법이다. 필자 역시 서울 시내의 인테리어 시공학원을 직접 수강해 본 적이 있다. 순수한 호기심도 있었고, 인테리어 업을 하려면 **하나의 주특기(전문기술)**가 필요하다는 생각 때문이었다.

여러 공정 중에서도 '필름 시공'이 상대적으로 노동 강도가 낮다고 하여, 처음에는 금천구의 한 필름학원에 등록했다. 그곳의 선생님은 정말 열정적으로 가르쳐 주셨고, 수업이 끝날 무렵엔 '이제 나도 바로 필름을 붙일 수 있겠다'는 자신감이 생겼다.

하지만 실제 현장에서는 전혀 달랐다. 학원에서는 주로 작은 판넬이나 짧은 면을 실습했지만, 현장에서는 크고 긴 면이 대부분이었다. 크고 긴 면을 붙이다 보면 마지막에는 늘 삐뚤어지고 주름이 잡혔다. 그제야 알았다. 학원에서 배우는 것과 현장에서 부딪히는 것은 전혀 다르다는 사실을. 현장 기공들 역시 "학원에서 배운 건 학원에서 끝"이라 말할 정도다.

결론적으로 말하자면, 안 다니는 것보단 낫지만 굳이 시간을 내서 다닐 정도는 아니었다. 물론 이는 어디까지나 내 개인적인 경험이다. 사람에 따라, 또 목적에 따라 도움이 될 수도 있을 것이다. 다만 한 가지는 확실히 말할 수 있다. 학원마다, 심지어 같은 학원 내에서도 강사에 따라 수준 차이가 매우 크다.

나는 필름뿐 아니라 타일, 목공, 도배 학원도 다녀보았다. 어떤 선생님은 자신의 천직처럼 열정을 다해 가르쳐 주셨지만, 어떤 학원은 자재비를 아끼려는 듯 실습은 조금만 시키고 '인생 성공학' 같은 쓸데없는 강의로 시간을 채우기도 했다. 결국 대부분의 경우, 학원 수업과 실무는 거리가 멀었다.

어떤 공정을 배우고 싶다면 차라리 현장에 나가 일당 없이 허드렛일을 하며 배우는 편이 낫다. 그게 훨씬 실전적이고 오래 남는다. 학원에 오는 사람들의 목적도 제각각이었다. 누군가는 내일배움카드를 활용해 원룸 임대업에 도움이 될까 싶어 도배를 배우러 왔고, 또 다른 부부는 귀농 후 직접 인테리어를 하기 위해 배우러 왔다. 물론 대부분은 '기공이 되기 위해' 오는 사람들이지만, 그중 실제로 기공이 되는 사람은 100명 중 한 명꼴이라 한다. 그만큼 이 업계에서 살아남는다는 건 결코 쉬운 일이 아니다.

세상에 쉬운 일이 어디 있겠는가. 하지만 인테리어 시공 분야는 특히 그렇다. 학원에서 '제일 잘한다'는 학생이 실제 현장에 나가서도 5~6년은 버텨야 비로소 기공으로 인정받는다. 그만큼 이 일은 기술이자 인내의 싸움이다.

셀프 인테리어를 시작하기 전에 필수적으로 알아야 할 사항

"㎡ = 헤베 와 품"

인테리어를 기획하고 진행함에 있어 반드시 알아야 할 핵심 개념이 있다. 내가 생각하기에 그것은 단 두 가지 — **'자재의 면적 단위인 ㎡(헤베)'** 와 **'시공자의 일당을 뜻하는 품(工數)'** 이다. 이 두 가지만 이해해도 초보자의 수준을 넘어서며, 인테리어 관계자와의 대화가 한결 수월해진다.

먼저 **헤베(㎡)** 는 가로 1m × 세로 1m의 면적을 나타내는 단위로, 인테리어 업계에서는 '평'이나 '자'보다 훨씬 더 자주 사용된다. '헤베'라는 용어는 일본어에서 유래된 것으로 보이지만, 현재는 완전히 한국화된 업계 표준 단어라 할 수 있다. 이 단위를 익혀두면 대부분의 자재 면적을 빠르게 계산할 수 있으며, 이해가 깊을수록 공사비 견적에서 바가지를 쓸 가능성도 줄어든다.

다음으로 **'품(工數)**'은 시공자의 일당 단위를 의미한다. 한 품(一工)이란 기술자가 하루(보통 오전 9시부터 오후 4~5시까지) 동안 일했을 때의 작업량과 그에 따른 임금을 말한다. 반품(半工)은 점심 이전에 끝나는 작업량을 뜻하며, 점심 이후 조금이라도 일을 하면 대부분의 작업자는 한 품 전체를 요구하므로 참고해 두는 것이 좋다.

이 두 가지 개념만 정확히 알아도 인테리어 현장에서 주도권을 잡을 수 있다. 자재의 면적(헤베)을 계산할 줄 알고, 시공자의 일당(품)을 이해하며, 현장에서 실제 작업량을 확인하면서 품 단위로 공임을 지급한다면 사기당할 일은 거의 없다.

또한 시공자에게 "이 일은 몇 품 정도 걸릴까요?"라고 자연스럽게 물어보는 것만으로도 상대는 속으로 "이 사람 좀 아는 사람이네, 함부로 말 못 하겠다"는 생각을 하게 된다. 그 한마디가 당신을 '초보자'가 아닌 '현장을 이해하는 사람'으로 만들어준다.

인테리어 시공자(기술자)들의 임금지불 방식 일당과 도급의 개념

인테리어 공사에 있어서 임금을 지불하는 방법은 크게 일당과 도급이라 불리우는 턴키라는 것이 있다. 일당은 말 그대로 하루 일하는 금액을 지불하는 방식이고 그 공사의 하자 등에 대한 책임은 근본적으로 없다. 도급이라고도 하고 턴키라고 하는 방식은 전체 공정을 맡아서 자신이 자재 수급과 인력을 컨트롤하여 부분시공에 대한 책임을 지는 방식인데 일반적으로 가격이 비싸다. 도급방식이라고 해서 하자 보수를 책임을 지지 않는 업자도 많으며 일당으로 일했지만 하자 보수를 봐주는 시공자도 많이 있다. 대체적으로 일당공사가 비용 면에서 경제적이지만 관리를 못하면 도급보다 공사비가 더 증가한다. 공정별로 일당이 정착된 공정이 있으며 도급이 일반화된 공정이 있다. 공사가 복잡할 경우 그 공정에 대한 공사를 도급으로 맡기는 경우가 있는데 공사가 클 경우, 도급공사의 경우 추가요금이 발생할 수 있으며 일당공사의 경우 품수 관리를 못하여 품수가 늘어날 수 있다.

인테리어 공사순서

공사동의서 등 사전 준비가 완료되면, 일반적인 인테리어 공사 순서는 다음과 같다. 철거 → 샤시 → 타일(화장실 포함) & 목공 → 전기배선 → 필름 & 페인트 → 마루 → 도배 → 전등설치 → 싱크대·가구 → 입주청소

선행공정과 후행공정의 기본 원칙

일반적으로 **무거운 공정(타일, 목공)**이 선행되고, **가벼운 공정(필름, 도배)**이 후행된다.

특히 문틀과 타일의 시공 순서는 매우 중요하다. 전체 문틀 공정이 있을 경우, 화장실 문틀이 먼저 설치된 후 타일 시공이 이루어져야 문틀과 타일면의 접합부 마감이 깔끔하게 떨어진다. 만약 일정상 순서를 바꿔야 한다면, 문틀 주변 타일을 일부 남겨두었다가 문틀 설치 후 마감하는 것이 좋다.

전기와 목공의 협업

전기배선과 목공작업은 동시에 진행하는 것이 효율적이다. 벽체 내부의 매입 배선, 콘센트 위치, 조명 배선 등이 목공과 직접 관련되기 때문에 전기기사와 목수의 일정 조율이 필수적이다.

필름, 페인트, 도배의 순서

일반적으로는 필름 → 페인트 → 도배 순으로 시공하는 것이 원칙이다. 다만 현장 여건상 편의를 위해 페인트를 먼저 시공하는 경우도 있다. 중요한 점은 필름은 반드시 도배 전에 완료해야 한다는 것이다.

마루와 도배의 순서

마루 시공 후에는 일반적으로 **걸레받이(베이스몰딩)**를 설치하는데, 도배지는 이 걸레받이 위로 2~3mm 정도 올라타야 한다. 따라서 마루 시공 → 도배 시공이 표준이다.

부득이하게 도배를 먼저 시공할 경우,

걸레받이와 도배가 만나는 면을 실리콘으로 메꾸는 방식을 사용하기도 한다. 이 방법도 가능하지만, 시간이 시나 실리콘이 변색될 수 있으므로 권장되지 않는다.

가구·싱크대·조명 설치

일반적으로 도배 후 싱크대와 가구를 설치하지만, 현장 여건에 따라 싱크대가 먼저 설치되거나 중문·가구가 도배 전에 설치되는 경우도 있다. 중요한 것은 마감이 깔끔하게 보이는 순서로 현장을 보고 일정 조율을 하는 것이다.

또한 싱크대 설치와 조명(등) 설치를 동시에 진행하는 것은 가능하지만, 전기공사 중에는 차단기를 내렸다 올리는 과정이 있으므로 동시 진행은 피하고, 전기기사와 사전 협의하는 것이 좋다.

특히 식탁 펜던트등은 식탁 배치 후 설치하는 것이 가장 이상적이다. 입주 후 실제 동선에 맞춰 위치를 조정하면 더욱 완성도 높은 결과를 얻을 수 있다.

주말 작업 및 아파트 규정

공정 중 도배, 페인트, 입주청소 등은 소음과 분진이 거의 발생하지 않으므로 토·일요일에도 일정 조율이 가능하다.
단, 일부 아파트 단지는 주말 시공을 제한하므로
사전에 관리사무소에 문의하여 허용 여부를 확인해야 한다.

일반적인시공순서

공사 시작 전 준비해야 할 것

01 주민동의서

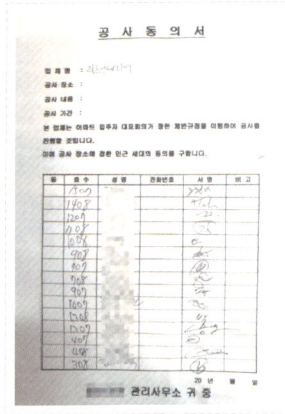

주민동의서 받는 요령 — 골든타임을 활용하라

공사 전 가장 중요한 절차 중 하나가 바로 주민동의서 확보다. 이 과정을 소홀히 하면, 공사 시작 후 예상치 못한 민원이 발생해 작업이 중단되거나 일정이 크게 지연될 수 있다. 주민동의서를 받을 때는 '골든타임'을 활용하는 것이 효과적이다. 보통 오후 5시에서 7시 사이, 퇴근 후 주민들이 가장 많이 집에 머무는 시간대가 적기다. 이 시간에 방문하면 효율적으로 동의를 얻을 확률이 높다.

반드시 동의를 받아야 할 세대

아파트 단지마다 공사동의서 제출 기준은 다소 차이가 있지만, 일반적으로 같은 층의 옆 세대, 그리고 윗세대·아랫세대는 반드시 동의를 받아야 한다. 특히 아래층 세대는 공사 중 발생하는 소음과 진동의 영향을 가장 크게 받으므로, 단순한 서명 요청만으로 끝내지 말고 가벼운 선물이나 정성스러운 인사를 함께 전하는 것이 좋다. 이러한 사전 배려는 공사 기간 동안 민원이나 마찰을 예방하는 가장 확실한 방법이다.

공사 신고는 관리사무소 기준 최소 3~4일 전에 완료하는 것이 안전하다. 동의서는 공사 시작 3~4일 전까지 확보해 두어야 하며,

관리실이 공사 안내문을 단지 내에 부착하는 데에도 일정한 시간이 필요하다. 따라서 오늘 신고하고 내일 바로 철거를 시작하는 일은 절대 피해야 한다. 충분한 여유를 두고 준비해야 원활하게 공사를 시작할 수 있다.

02 엘리베이터 보양.

공사당일 오전에 하는 것이 좋다. 그전에 하는 것도 세대 입주민에게 불편을 줄 수 있다. 심지어 매일매일 공사완료후 엘리베이터 보양지를 철거하라는 민원도 빈번하기에 가급적 엘리베이터 보양은 짧은 날을 하는 것이 좋다.

요즘은 엘리베이터 보양 DIY 자재도 팔고 있고 설치방법도 인터넷에 친절히 나와 있으니 도전해 보길 권유한다.

엘레베이터 보양

진입부 보양

03 해당세대 진입부 보양

엘리베이터 보양과 마찬가지로 엘리베이터에서 세대까지 보양하는 것과 지하 1층이나 지상1층 자재 하역하는 곳에서 엘리베이터까지 바닥보양을 하는 것인데 이것은 아파트별로 다르니 해당 단지 주민센터에 사전에 문의해 보는 것이 좋다. 주로 사용하는 보양지는 플로베니아와 텐텐지를 사용한다.

04 공사알림표

아파트 단지별로 인테리어 행위자가 만들어 직접 붙이는 것과 해당 아파트 관리실에서 붙이는 형식으로 진행하니 사전에 관리사무소에 이 또한 문의하여야 한다. 밑에 집과 옆집은 사전에 간단한 선물을 제공하는 것도 하나의 팁이다. 민원이 발생하고 나서 선물을 주면 받는 사람이 없다. 그전에 선물을 준다면 효과가 있는 편이다. 그러나 선물을 받았다 해서 민원을 제기 안한다는 말은 아니다.

05 빗자루와 쓰레받기 그리고 마데자루

마대자루와 빗자루 — 현장에서 가장 자주 잊는 필수품

이 품목은 필자 역시 베테랑이 된 지금까지도 종종 잊곤 하는 항목이다. 바로 마대자루와 빗자루다. 공사 현장에서는 늘 필요한 물건이지만, 이상하게도 매번 챙기지 못할 때가 있다. 그럼에도 불구하고 이 두 가지는 현장에 반드시 비치해야 할 필수품이다.

마대사루는 가까운 철물점에서 **'PP 마대자루'**라고 하면 쉽게 구입할 수 있다. 너무 크거나 두꺼운 제품보다는 적당한 크기와 두께의 제품이 현장 정리에 편리하다. 예를 들어 32평 아파트 전체 올수리 공사 기준으로 약 30개 정도의 마대자루가 필요하다. 처음에는 많아 보이지만, 철거·폐기물 정리·청소를 반복하다 보면 금세 소모되는 소모품이다.

특수 생활폐기물용 종량제 봉투

아래 사진의 봉투는 **'특수 생활폐기물 종량제 봉투'**다. 가장 큰 용량은 20리터이며, 지역마다 지정된 판매처가 다르다. 서울의 경우 해당 구청 주민센터에 문의하면 판매처를 안내받을 수 있다. 대부분 대형 편의점에서도 구매 가능하다. 가격은 한 장당 약 2,100원 정도이며, 이 봉투를 사용하면 타일, 페인트, 석고보드 등 일반 종량제 봉투로는 처리할 수 없는 무거운 폐기물을 합법적으로 배출할 수 있다.

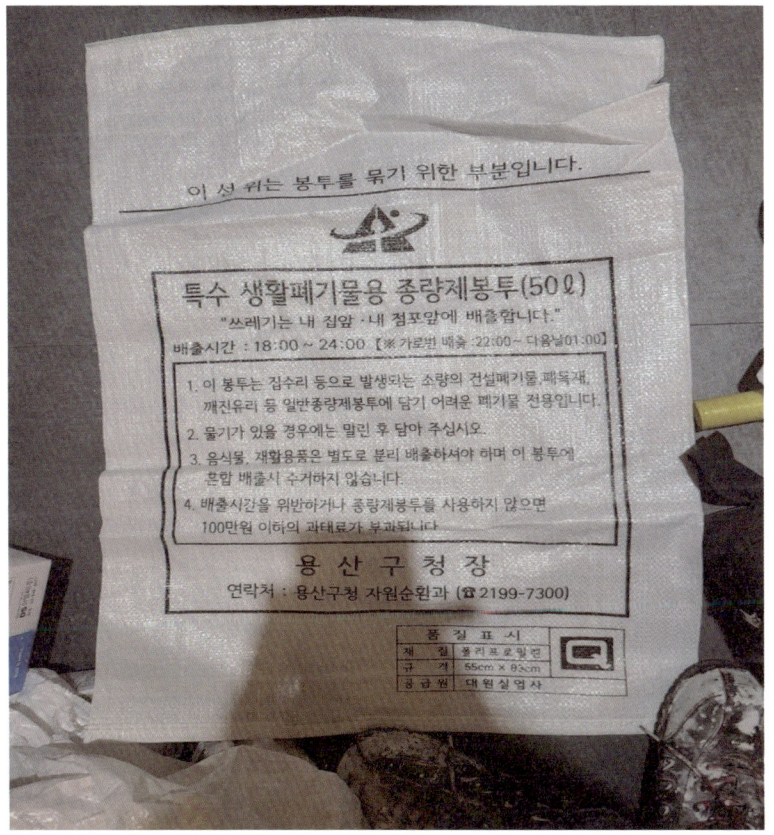

특수생활폐기물용 종량제 봉투- 최근에는 최대용량이 20리터로 줄었다

SELF INTERIOR

2장
인테리어 시공

인테리어 계획을 아무리 잘 세웠다고 해도 시공이 잘 안되면 아무 소용이 없다. 자신이 원했던 디자인스타일을 구현해 줄 자재와 인력을 찾아본다.

시공자(기술자)를 구하는 방법

인테리어를 아무리 잘 기획해도 시공자가 없으면 아무 의미가 없다. 말 그대로 구슬이 서 말이라도 꿰어야 보배다. 그런 기술자는 어디서 구할까? 보통 세 가지 루트를 통해 찾는다.

01 인터넷을 통해서 구한다. 요즘 인테리어 카페 또는 밴드들 통해서 구한다.

네이버 카페 '인기통', '숨고' 같은 사이트나 기술자별 밴드·동호회 모임 등에서도 기술자를 찾을 수 있다. 또한 개인 간에 셀프 인테리어 노하우를 공유하는 카페나 커뮤니티에서도 기술자를 소개받을 수 있다. 하지만 이런 인터넷 구인 방식은 장점만큼 주의할 점도 많다. 예전부터 온라인을 통해 사람을 구하다 낭패를 본 사례가 많았고, 그로 인해 신뢰도가 떨어지는 경우도 적지 않다. 아무런 일면식이 없는 사람을 자신의 공사 현장에 투입하는 일은 무조건 신중히 결정해야 한다.

02 지인의 소개를 통해서 구한다.

주변 인테리어 업계 지인을 통해 추천받은 기술자를 써보는 것도 한 방법이다. 하지만 지인 소개라고 해서 무조건 믿어서는 안 된다. 이 바닥은 사람마다 일하는 방식이 다르고, 한 현장에서 잘하던 사람이 다른 현장에서는 전혀 다르게 일하는 경우도 많다. 결국 직접 확인하고 판단하는 눈이 필요하다.

03 자재상의 소개로 구한다.

예전에는 자재상에서 작업자를 소개해 주는 경우가 많았다. 하지만 요즘은 그런 일이 거의 사라졌다. 이유는 간단하다. 자재상이 소개해 준 작업자가 현장에서 제 실력을 발휘하지 못하면, 그 책임이 고스란히 자재상에게 돌아가기 때문이다. 괜히 비난을 들으니 차라리 관여하지 않겠다는 분위기가 많아진 것이다.

사실 어떤 방법으로 기술자를 구하든 장단점은 존재한다. 실력이 좋은 기술자라도 내 현장에서 실수하면 '좋지 않은 기술자'가 되고, 반대로 평범한 사람이라도 현장에서 제 몫을 하면 좋은 평가를 받는다. 결국 이 일은 운의 요소가 크다. 어떤 경로로 구하든, 좋은 기술자를 만날 수도 있고 그렇지 않을 수도 있다.

인테리어 시공자를 대하는 기본자세?

우리는 어떤 사람에게 비용을 지불하면 그만큼의 일을 해야 한다고 생각한다. 맞는 말이다. 하지만 인테리어처럼 사람의 수고와 감정이 함께 얽히는 서비스업에서는 조금 다른 논리가 작용한다. 요즘 인테리어 업계는 기술자 부족 현상이 심각하다. 실력 있는 시공자를 구하기가 하늘의 별 따기다. 그러다 보니 현장마다 인력을 확보하느라 곤욕을 치른다.

어떤 현장에서는 고객이 매일 음료와 간식을 직접 준비하기도 한다. 또 다른 현장에서는 실장이 기술자들의 기분을 살피며 조심스레 분위기를 이끌어간다. 이쯤 되면 이런 생각이 든다. "돈을 주고 일을 맡겼는데, 왜 비위까지 맞춰야 하는가!" 붙본 비용을 두 배로 지급할 수 있다면 이야기는 다를 것이다. 하지만 현실적으로 그렇게 할 수는 없다. 결국 기술자와의 관계는 돈 이상의 신뢰와 존중으로 유지되어야 한다.

"돈을 줬으니 일해라"는 말은 통하지 않는다

인테리어 현장은 공장처럼 기계적으로 돌아가지 않는다. 사람이 하는 일이다.

그래서 "나는 돈을 지불했으니 일을 해라"라는 태도는 기술자의 마음을 단번에 닫게 만든다.

요즘 숙련된 기술자들은 일감이 많다. 현장은 널려 있고, 마음에 들지 않으면 언제든 다른 현장으로 이동할 수 있다. 한마디로 "기분 나쁘면 가버릴 수 있는 구조"다. 결국 공사는 기술이 아니라 사람이 만든다. 그래서 좋은 결과를 원한다면, 기술자에게 정중하게 대하고, 신뢰를 쌓는 자세가 필요하다. 그것이 결국 일의 품질로 돌아온다.

결론적으로,
인테리어는 단순히 물건을 사는 거래가 아니다. 사람의 노력을 구매하는 일이며, 그 노력은 감정과 태도에 따라 결과가 달라진다. 돈보다 존중과 신뢰가 더 큰 생산성을 만든다.

현장에는 커피나 음료, 간식이 제공되는 곳도 있고, 그렇지 않은 곳도 있다. 일부 하급 기술자일수록 이런 부분에 예민하게 반응하며 사소한 일에도 트집을 잡는 경우가 있다. 그만큼 지금의 인테리어 업계가 일은 많지만 사람은 부족한 현실이라는 방증이기도 하다. 그렇다고 해서 무조건 기술자에게 맞춰야 하는 것은 아니다. **'좋은 게 좋은 것'** 이라는 말처럼 적당한 선을 유지하면서 서로 존중하는 관계를 만드는 것이 중요하다.

필자는 가끔 일급 기술자들이 부러울 때가 있다. 그들은 정신적인 피로가 거의 없다. 공정별로 실력이 검증되어 있기 때문에 어디서든 대우를 받고, 존중을 받는다. 반면, 그들을 함부로 대하거나

"노가다"라는 식으로 무시하는 태도를 보인다면? 그날 바로 짐을 싸고 떠날 것이다.

일의 가치를 바라보는 시선
어떤 사람이 이런 말을 한 적이 있다. "어느 날 외부에서 일하고 있는데, 한 아줌마가 아이에게 이렇게 말했다. '너 앞으로 공부 안 하면 저 아저씨처럼 된다.'"
이건 잘못된 생각이다. 몸으로 일하는 사람을 낮춰보는 시선이 여전히 존재하지만, 그건 우리 사회가 아직 노동의 가치를 제대로 인정하지 못한다는 증거다.

선진국에서는 의사나 엔지니어 같은 전문직과 현장 기술자 사이의 사회적 거리감이 거의 없다. 미국이나 유럽에서는 직접 집을 고치고, 자동차를 손보는 DIY 문화가 생활 속에 자연스럽게 자리 잡았다. 그만큼 손으로 일하는 사람을 존중하는 문화가 사회 전반에 뿌리내려 있다는 뜻이다.

실제로 미국에서는 집수리나 인테리어 인건비가 매우 높다. 그래서 대부분의 사람들이 직접 수리하고, 직접 페인트를 칠하며, '자기 손으로 만드는 삶'을 배우며 자란다.

결국 중요한 것은 직업이 아니라 태도다.
일을 대하는 자세, 그리고 그 일을 통해 세상을 바라보는 시선이다. 몸으로 일하는 사람의 땀과 기술이야말로 집을 완성시키는 마지막 한 줄기 힘이다.

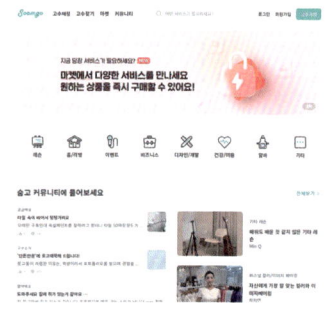
숨고 싸이트

네이버 셀프 인테리어카페

나는 이렇게 기술자를 판단하고 관리한다.

현장에서 일하다 보면 정말 다양한 기술자들을 만나게 된다. 누구는 묵묵히 일 잘하는 분도 있고, 누구는 도착한 지 한 시간도 안 돼 문제가 생긴다. 그래서 나는 항상 새로운 기술자를 처음 만날 때 몇 가지를 반드시 확인한다. 우선, 일 시작 전에는 경력과 실적을 물어본다. "주로 어떤 공사를 하셨나요?", "최근에는 어떤 현장 하셨습니까?" 이런 질문 몇 개만 던져도 상대의 숙련도가 어느 정도인지 금방 알 수 있다. 가능하다면 과거 현장 사진이나 시공했던 곳의 연락처도 받아둔다. 이게 단순한 예의가 아니라, 나중에 문제 생겼을 때 '내가 검증 절차를 거쳤다'는 증거가 되기 때문이다.

실력은 1~2시간이면 드러난다

일단 현장에 들어오면 나는 그 사람의 공구 상태부터 확인한다. 공구가 깨끗하고 정돈돼 있으면 대체로 실력 있는 경우가 많다. 처음 1~2시간 동안은 작업을 지켜보며 작업 순서, 마감 습관, 안전 수칙을 지키는지를 유심히 본다.
그 시간 안에 '된다, 안 된다'는 게 거의 감이 온다. 만약 그 시간 동안에도 손이 서툴고, 일의 논리가 없다고 느껴지면 **바로 데마찌 수당(5~10만 원)**을 주고 정중히 돌려보낸다. 냉정하지만, 그게 현장을 지키는 길이다. 조금의 돈을 아끼려다 공정 전체를 망치는 일이 생길 수 있기 때문이다. 나는 돌려보낼 때 항상 이렇게 말한다. "오늘은 여기까지만 하시죠. 수고하셨습니다."
그 한마디면 충분하다. 감정 섞을 필요도, 변명할 이유도 없다.

수당은 살갑하게, 기록은 확실하게

데마찌 수당을 줄 때는 현금으로만 주지 않는다. 수령증을 간단히 써서 서명받는다. "오늘 작업분 ○○, 수당 ○○원 수령함." 이렇게 간단히 써두면 나중에 말이 꼬이지 않는다. 또한, 작업 중 사진과 영상을 남긴다. 특히 잘못된 부분이 있으면 그 자리에서 촬영해 두면 문제가 생겼을 때 원인 규명이 쉽다. 이건 습관이 되어야 한다.

피해를 막기 위한 나의 원칙

실력이 부족한 기술자가 일을 망치면 그때부터는 진짜 골치가 아프다. 그래서 나는 항상 '작업 중지 → 기록 확보 → 대체 투입' 이 세 단계를 철칙으로 삼는다.

우선 이상하다 싶으면 바로 작업을 멈추게 한다. 그리고 문제 부위를 사진과 동영상으로 남긴다. 그다음에 새로운 기술자를 투입하고 이전 사람이 낸 피해를 복구한다. 필요하다면 손해배상 청구까지도 검토한다. 물론 이런 일은 되도록 만들지 않는 게 제일 좋다.

나는 기술자와 이렇게 일한다

나와 오랫동안 일하는 기술자들은 서로 신뢰가 쌓여 있다. 하지만 새로운 사람과 일할 때는 언제나 기본 예의와 계약으로 시작한다. 작업 범위, 단가, 결제 시점, 하자 처리 기준을 항상 문자나 카톡으로 남긴다. 이건 서로를 보호하는 장치다. 또한 현장에는 소통 담당자 한 명을 정해 지시가 일관되게 전달되도록 한다.

그리고 작은 배려 하나가 현장의 분위기를 얼마나 바꾸는지 나는 많이 경험했다. 깨끗한 물 한 병, 간단한 커피 한 잔이면 충분하다. 그게 사람의 마음을 풀어 준다.

현장을 살리는 것은 결국 '사람'

인테리어는 기술로만 완성되는 일이 아니다. 결국 사람과 사람이 만들어가는 현장이다. 좋은 기술자를 만나면 일이 부드럽게 풀리고, 실력 없는 사람을 만나면 모든 게 꼬인다. 그래서 나는 늘 이렇게 생각한다. "사람을 존중하되, 일은 냉정하게." 이 두 가지가 균형을 이룰 때 비로소 좋은 인테리어가 완성된다.

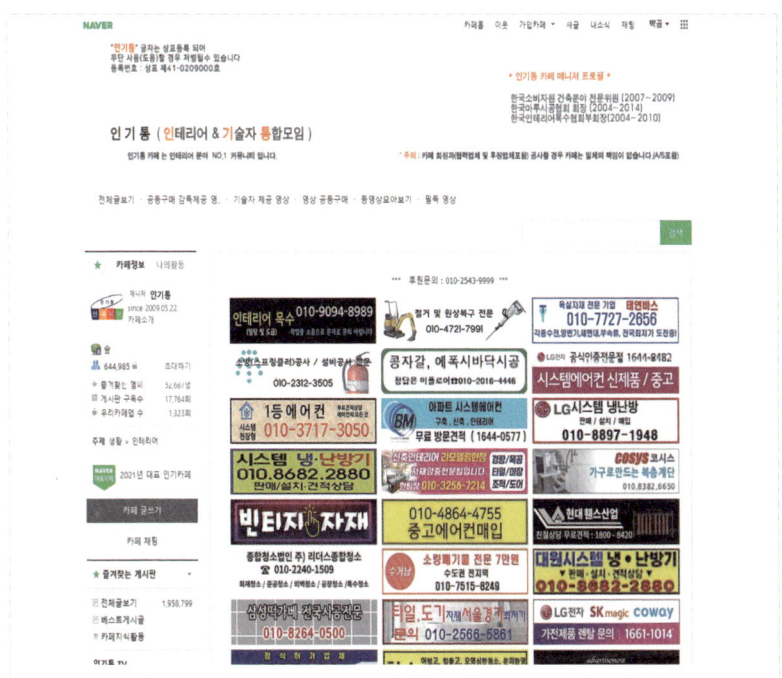

네이버 인테리어 기술자 구직 싸이트 인기통

어떤 카페, 밴드도 믿지 말며 하물며 지인소개도 신중해야 한다.

　현재 인터넷에서 가장 활성화된 인테리어 관련 카페는 네이버의 **"인기통(인테리어 기술자 통합 커뮤니티)"**이다. 국내 최대 규모의 기술자 커뮤니티로, 전국 각지의 시공자들이 활동하며 일감을 주고받는다. 나 역시 이곳을 통해 몇 번 기술자를 구해서 일을 해봤다. 하지만 좋은분들도 많았지만 일부 아닌경우가 있었다 그래서 결국 지인 소개 중심으로 방향을 바꾸었다.

지인 소개도 완벽하지는 않다

　지인 소개는 그나마 인터넷 구인보다는 낫지만, 한계가 분명하다. 예를 들어, 예전에 함께 일했던 타일 기술자가 있었는데 실력도 좋고 일도 꼼꼼해서 신뢰가 갔다. 하지만 일정이 겹쳐 이번 공사에는 참여하지 못했다. 그 기술자가 다른 타일러를 소개해 주었는데, 막상 일을 시켜보니 너무 불성실했다. 그래서 원래 소개해준 기술자에게 이야기를 했더니 그는 이렇게 말했다. "그 사람이 인간적으로는 좋은데, 사실 같이 일해본 적은 없어요." 결국 **'같이 일해본 적 없는 사람을 소개한 것'**이었다

인력 수급의 현실

지금은 여러 루트를 통해 인력을 수급하고 있다. 밴드, 지인, 기존에 꾸준히 함께 일하는 기술자(붙박이), 이 세 가지가 주된 경로다. 하지만 이마저도 완벽하지 않다. 현장은 늘 사람 문제다. 사람은 늙고, 현장 인력은 끊임없이 교체된다. 특히 인테리어 업계는 이동이 잦다. 오늘 함께 일하던 사람이 내일 다른 현장으로 가는 일이 흔하다. 심지어 선두권 인테리어 회사의 시공자조차 매번 다른 기술자가 현장에 투입되는 경우가 대부분이다.

내가 내린 결론

결국 인테리어 업계에서 **"고정된 팀"**은 거의 불가능하다. 항상 새로운 인력을 찾고, 새로운 관계를 만들어야 한다. 그래서 나는 늘 현장 관리의 절반은 **'인력관리'**라고 말한다. 기술자 구인 구직은 단순히 사람을 고용하는 일이 아니다. 그건 결국 신뢰를 쌓는 과정이며, 그 신뢰는 하루아침에 만들어지지 않는다.

Q&A 20대에서 60대 어떤 시공자가 잘 하나요?

시공자의 연령대만 놓고 본다면, 일반적으로 40대 후반에서 50대 초반의 기술자가 숙련된 경우가 많다. 이 시기의 기술자들은 현장 경험이 풍부하고, 일의 순서와 작업 요령(일머리)을 잘 이해하고 있기 때문이다.

그러나 그렇다고 해서 이 연령대의 기술자가 항상 능숙한 것은 아니다. 몇 년 전 40대 목수를 소개받은 적이 있었는데, 겉으로는 고급 공구와 장비를 모두 갖추고 있어 기대가 컸다. 하지만 실제 공사를 진행해 보니 의외로 기본적인 작업 숙련도조차 부족한 초보 기공이었다.

반대로 20대 기술자 중에도 뛰어난 실력자를 본 적이 있고, 70대의 베테랑 기술자 중에서도 여전히 정확하고 섬세한 작업을 해내는 분들이 있었다. 다만 일반적인 경향으로 보았을 때, 20대는 경험 부족으로 인한 시행착오가 많고, 60~70대는 신체 활동 능력의 저하로 인해 작업 효율이 떨어질 가능성이 있다.

결국 중요한 것은 나이보다 개인의 숙련도와 성실한 태도이며, 이를 판단하는 안목이 시공 품질을 좌우한다.

시공자중 극히 일부인 나쁜 시공자를 만난 경우

시공자들 중에는 안타깝게도 극히 일부 비양심적인 사람들이 존재한다. 나처럼 업계 경력이 긴 사람에게조차 사기를 치려는 경우가 있을 정도이니, 일반 소비자라면 말할 것도 없다. 공사 중에 처음 합의한 견적을 무시하고 중간에 말을 바꾸며 추가 비용을 요구하는 일이 자주 발생한다. 이런 경우 대부분은 "지금 그만두면 다른 시공자는 이어서 할 수 없다"는 점을 악용한다.

또 다른 유형은 일부러 작업 기간을 늘리거나, 자재가 없어서 진행이 불가능하다며 특정 자재를 강요하는 방식이다. 이런 일을 겪게 되면 셀프 인테리어를 선택한 것을 후회하게 된다. 솔직히 말하자면, 내가 이 책을 쓰는 이유 중 하나도 바로 이런 피해를 줄이기 위함이다. 기본적인 상식과 원리를 알고 있다면, 시공자가 부당한 요구를 하는지 어느 정도 구분할 수 있다.

현장에서 마주하는 어려운 시공자 유형

인테리어 현장은 절단기, 해머 등 위험하고 과격한 장비가 많은 공간이다. 이런 환경에서 거친 말투나 행동을 하는 기술자를 만나면 일반 소비자는 위축되기 쉽다. 실제로 일부 기술자들은 기싸움을 통해 자신이 우위에 서려는 경향이 있다. 소비자가 공사 내용에 익숙하지 않으면, 결국 겁을 먹고 기술자가 요구하는 대로 따르게 되는 경우도 생긴다.

이런 상황에서는 과감히 그 시공자를 돌려보내는 것이 최선이다.
많은 사람들이 "공사 중단 후 다른 시공자가 이어서 할 수 있을까?"라는 불안감을 가지지만, 사실 진짜 전문가라면 누구의 미완성 작업이든 충분히 이어서 진행할 수 있다.

예를 들어, 목공 기술자는 누군가 작업하다 남긴 천장 몰딩을 이어 붙일 수 있고, 필름 시공자는 이미 일부 시공된 문틀이나 문면을 무리 없이 마감할 수 있다. 조금의 추가 비용이 들더라도, 일당 2~3만 원 정도 더 주며 숙련된 기술자에게 맡기면 오히려 더 좋은 결과를 얻을 수 있다.

야간 작업과 부당한 요구

일정에 쫓기다 보면 야간 작업자를 섭외해야 하는 상황도 생긴다. 하지만 일반적으로 야간 작업을 자청하는 기술자는 많지 않다. 정상적인 기공자라면 몸의 리듬과 다음 작업의 효율을 고려해 밤에는 쉬는 것이 원칙이다.

야간 작업은 낮 작업 대비 1.5배에서 최대 2배의 비용이 들며, 이러한 점을 악용해 고액의 보수를 노리고 야간 작업을 선호하는 일부 기술자도 존재한다. 이런 경우 특히 주의가 필요하다.

대처 방법과 마음가짐

무엇보다 중요한 것은 겁먹지 않고 차분히 대응하는 자세이다. 상황이 여의치 않으면 다른 시공자를 새로 찾거나 일정 조정을 고려하면 된다. 심지어 입주 후에도 마무리 공사를 진행할 수 있으므로 너무 불안해할 필요는 없다.

셀프 인테리어에서는 결국 결정권이 소비자 자신에게 있다. 시간 또한 내 편이다. 기본적으로 바닥만 완성되어 있다면, 입주 후에도 대부분의 공정이 가능하다. 뜻이 있으면 길이 있다. 두려움보다는 냉정한 판단이 좋은 결과를 만든다.

Q&A 기술자가 와서 시공 중에 실수를 해서 진행이 안 되었습니다. 그래도 일당을 지불해야 하나요?

> 물론 상황마다 다르겠지만, 기술자가 실수를 하여 공사가 제대로 진행되지 않았더라도 일당을 전액 지급하는 것이 원칙이라고 볼 수도 있다. 다만 이런 경우에는 기술자와 협의하여 일부만 지급하는 방식으로 조정하는 것이 바람직하다.

'일당의 함정'이란, 자신의 실수로 인해 공사를 망쳤음에도 불구하고 "그래도 나는 하루 종일 노력했다"는 이유로 당연히 일당을 받아야 한다고 주장하는 태도를 말한다. 이런 태도는 **상도의**에 어긋나며 직업윤리와 책임감이 부족한 행동이다.

한편, 업계에서는 일반적으로 일당제 근로자는 하자보수의 책임이 없다는 것이 중론이다. 반면 **도급계약자(도급공)**는 하자보수의 책임이 따르지만, 실제로는 이를 이행하지 않는 경우도 많다. 흥미롭게도 일당으로 일하면서도 하자보수를 성실히 해주는 기술자들도 적지 않아, 결국 중요한 것은 계약 형태보다 기술자의 성품과 책임의식이라고 할 수 있다.

시공자들의 임금 책정법

일반적으로 시공자들의 페이는 크게 "품"이라는 하루 기준 일당과 턴키개념 야리키리라고 하기도 하는 공정하나를 협의해서 정한 금액으로 하는 방식이 있다. 그리고 이른바 평당 얼마 면적당 얼마라는 방식, 3가지가 있을 수 있다. 이것은 공정별로 적합한 임금지불형태가 있다.

어떠한 임금지불방식이라도 어느 정도 감을 잡으려면 일단 사용자재와 인건비를 계산해 보면 지금 지불될 금액이 많은지 적은지를 어느 정도 가늠할 수 있고 기술자에게 합리적으로 이야기하는 것이 가능하다.

01 목수- 목수의 임금 지급 방식은 크게 **턴키(도급제)**와 일당제 두 가지로 나뉜다. 일반적으로는 일당제로 지불하는 방식이 더 유리하다. 다만 일당제의 경우, 일부 작업자가 시간을 채우는 데 집중하거나 공사 기간을 의도적으로 늘리려는 사례도 종종 있다. 이런 문제를 예방하려면 감리자나 현장 책임자가 수시로 작업 상황을 확인하고, 가능하면 현장에 상주하는 것이 가장 효과적이다.

02 타일- 타일은 주로 면적당 또는 화장실 하나당 얼마의 개념으로 임금지급방법이 편리하다. 예를 들어 사전에 거실 타일 크기와 종류를 말하고 면적당 얼마의 시공비를 받느냐고 물어 보거나 화장실 한칸당 덧방타일 시공비가 얼마냐고 물어보고 맞으면 하는 방식이다.

03 도배- 도배 공사의 기본 단가는 **도배지 사용량(롤 수)**과 투입된 인원 수를 기준으로 산정한다. 일반적으로 32평형 아파트(국민평형) 기준으로 보면, 첫째 날 도배사 2명, 둘째 날 3명, 총 5명이 투입된다. 이때의 인건비 단위를 **'5품(五品)'**이라 부른다. 사용되는 도배지는 약 25롤 정도이며, 본드 등 부자재 비용은 도배지 평당 약 1,000~3,000원 정도가 추가된다.

인건비 구조가 어렵게 느껴진다면, 적어도 앞서 언급한 세 가지 공정의 임금 책정 방식만이라도 알아두면 좋다. 공정별로는 기공과 준기공의 일당이 다르다. 예를 들어 기공의 일당이 30만 원이라면 준기공은 약 25만 원 수준이다. 다만 공정에 따라 가격 차이는 있으며, 매년 조금씩 인건비가 상승하는 추세다.

일반적으로 목수의 인건비가 가장 먼저 오르고, 그다음으로 타일, 페인트, 마지막으로 도배 순으로 인건비가 오르는 경향이 있었다. 그런데 최근에는 흐름이 조금 달라졌다.

TV 등 매스컴에서 "인테리어 기술직은 고소득 직업"으로 소개되면서 타일, 목수 분야로 젊은 인력들이 몰렸고, 상대적으로 도배사는 줄어드는 현상이 생겼다. 그 결과 도배사의 수급이 어려워지면서, 오히려 최근에는 도배 인건비가 가장 먼저 오른 경우도 있다.

이런 변화는 인테리어 업계의 인력 불균형이 만들어낸 현상으로, 시장의 흐름을 이해하고 견적을 산정할 때 참고하면 도움이 된다.

시공자들의 임금 지불시기

시공자에게 임금을 지급하는 시점은 일당제와 도급제(턴키방식)에 따라 다르며, 기술자 개인의 방식에 따라서도 약간의 차이가 있다.

우선 자재비나 맞춤 제작 자재비는 통상적으로 선불 지급이 원칙이다. 이는 제작 및 납품 과정에서 선결제가 필요한 경우가 많기 때문이다. 반면, 인건비는 조금 다르게 접근해야 한다.

① 일당제의 경우

일당제 기술자는 원칙적으로 하루 작업이 끝난 후, 그날 바로 일당을 지급하는 것이 일반적이다. 다만 2~3일 정도 연속되는 공정(예: 필름 시공 등)의 경우, 전체 작업이 마무리된 시점에 한꺼번에 지급해도 무방하다.
만약 5일 이상 징기간 신행되는 공정이라면, 중간에 한 번쯤 중간 정산 형식으로 일부 지급하는 것이 좋다. 이때 금액과 시점은 기술자와 사전 협의를 통해 결정하면 된다.

② 도급제(턴키방식)의 경우
도급 방식은 계약 단계에서 지불 조건을 명확히 정해야 한다.

일반적으로는 자재비를 먼저 지급하고, 나머지 인건비는 계약금 → 중도금 → 잔금 형태로 분할 지급한다.

다만 중요한 원칙이 있다.
자재비를 제외한 인건비는 반드시 후불을 기준으로 해야 한다.
작업이 완료되지 않은 상태에서 인건비를 선불로 지급하면, 공사의 주도권이 시공자에게 넘어가 문제 상황이 생길 수 있다.

③ **선불 요구 시의 주의점**

시공자가 이유 없이 선불을 요구한다면, 신중히 검토하거나 기술자 교체를 고려하는 것이 좋다.
일부 비양심적인 시공자는 선불을 받은 뒤, 이후에 "자재가 문제다", "작업이 어렵다" 등 이상한 이유를 들어 추가비용을 요구하거나 공사를 지연시키는 경우가 있다.

결국, 자재비는 선불, 인건비는 후불이라는 원칙을 지키는 것이 가장 안전하다.
공사 진행 중에도 신뢰를 유지하면서 주도권을 잃지 않는 핵심 포인트다.

> **인테리어 Tip** **선금 50% 이상 달라고 하는 사람은 무조건 거른다**
>
> 선금을 50% 이상 달라고 하는 사람은 일단 어떤 조건이던 거른다.
>
> 인테리어 철칙이다.
> 수많은 기술자를 만나본 경험으로 단언하건대, 선금을 50% 이상 요구하는 기술자 중 제대로 일하는 사람은 거의 없었다. 물론 예외가 전혀 없는 것은 아니다. 그러나 이 책을 읽는 독자라면 단 한 가지만 꼭 기억하길 바란다.

'선금 50% 이상을 요구하는 사람은 피하라.'
일정이 급박하더라도, 사정이 어렵더라도 이 원칙은 지켜야 한다.

자재상에서 자재를 구입할 때 100% 선지급하는 것은 당연하다. 우리가 슈퍼마켓에서 물건을 살 때 돈을 지불하고 사오는 것과 같다. 그러나 인건비를 포함한 턴키 공사에서 선금 50% 이상을 요구하는 시공자는 대부분 신뢰하기 어렵다.

나 역시 급박한 일정에 쫓겨 몇 번 그런 요구를 들어준 적이 있다. 하지만 대부분은 그 절박한 상황을 이용한 '사기'에 가까웠다.

왜 그들은 선금을 50%나 요구할까?
그 순간, 공사의 주도권은 발주자가 아니라 시공자에게 넘어가기 때문이다.

아무리 큰 인테리어회사라도 정규직 기술자를 고용하기 힘든 이유

얼마 전, 예전에 다녔던 종합건설회사 대표에게서 전화가 왔다. 금속철(금속공사)을 잘하는 사람을 소개해 달라는 부탁이었다. 이처럼 규모가 큰 회사라도 기술 인력을 상시 고용하지 않고, 필요할 때마다 인력을 수급하는 경우가 많다.

그 이유는 단순하다.
숙련 기술자의 임금 수준이 매우 높기 때문이다. 정규직으로 고용하려면 매달 일정한 급여를 지급해야 하는데, 일반적인 기술자들도 한 달에 500만 원 정도, 경험이 많고 실적이 좋은 사람은 1,000만 원에서 많게는 2,000만 원 이상 벌기도 한다. 이런 인력을 고정급으로 채용한다면 회사의 인건비 부담이 커져 운영이 어려워질 수밖에 없다.

물론 일부 대형 인테리어 회사나 건축회사에서는 시공자를 정규직 형태로 고용하기도 한다. 그러나 이런 경우는 대체로 활동성이 떨어지거나, 부상을 입어 현장 근무가 어려운 기술자들이 많다. 이들은 예전의 경험을 바탕으로 부분적인 작업이나 관리 업무를 담당하면서, 현장처럼 위험하지 않은 환경에서 안정적인 수입(정규 급여) 을 선호하는 경우가 대부분이다.

갈수록 인테리어와 건축공사가 힘들어 지는 이유

   인테리어나 건축 현장에서 인력난이 심화된 것은 어제오늘의 일이 아니다.
하지만 최근의 상황은 그 어느 때보다 심각하다.
젊은 세대의 유입은 거의 없고, 현장의 기술자들은 점점 고령화되고 있다.
설령 젊은 인력이 들어온다 해도, 숙련된 기술자를 찾기란 하늘의 별 따기다.

현장의 구조를 들여다보면, 단순한 인력 부족만의 문제가 아니다.
요즘은 기술자 중 일부가 기분이 맞지 않으면 일을 중단하거나 떠나는 일도 흔하다. 우리가 돈을 내고 물건을 사면 그 대가로 서비스를 받듯, 인건비를 지급했다면 그에 상응하는 일을 받는 것이 상식이다. 하지만 이 업계에서는 그 상식이 잘 통하지 않는다.
일이 힘들고, 현장이 거칠며, 인력 공급이 워낙 부족하기 때문이다.
결국 **"이 현장에서 안 하면 다른 현장 가면 된다"**는 생각이 깊게 자리 잡게 되었다. 물론 예외도 있다. 험한 일을 하면서도 직업에 대한 자부심을 지키며 묵묵히 일하는 인격적인 기술자들도 많이 만났다.
이분들은 현장의 거친 환경 속에서도 자신의 손끝으로 공간을 완성한다는 자부심을 갖고 있다.

사실 누구라도 이런 먼지 많고, 위험하고, 육체적으로 힘든 일을 오래 하고 싶지는 않을 것이다. 그래서 많은 기술자들은 "조금만 더 벌고 다른 일을 하겠다"는 마음으로 현장에 남아 있다.

그렇다 보니 숙련공은 줄고, 일은 쌓이며, 인건비는 계속 오르고 있다.

이런 흐름이 지속된다면 앞으로는 인테리어나 건축을 하고 싶어도 시공자를 구하지 못하는 시대가 올지도 모른다. 현장의 최전선에 있는 나로서는, 그날이 이미 시작되었다고 느낀다.

셀프 인테리어 - 두려움보다 실행이 먼저다

이런 현실 속에서도, 기본적인 지식과 준비만 갖추고 있다면 직접 인테리어 공사를 진행하는 것도 충분히 가능하다.

처음에는 두려울 수 있다. 그러나 부딪혀 보지 않으면 결코 배울 수 없다. 인테리어는 머리로 배우는 일이 아니라, 몸으로 부딪혀 익히는 일이다.

처음엔 서툴고, 때로는 예상치 못한 일이 생기기도 하지만 그 과정을 통해 배우고 성장하며, 결국엔 하나의 즐거운 인생 경험으로 남게 된다. 두려움보다 중요한 것은 시작하는 용기다.

인테리어 Tip | 동네 인테리어 업체의 활용

> 셀프 인테리어를 구상함에 있어서 간혹 주위에서 내가 일정관계상 인테리어를 진행해줄 수 없다면 기술자들만 보내 줄 수 없냐? 라는 요청을 간혹 받는다. 공정별로 기술자별로 좋은 기술자들은 인테리어 주최자가 초보여도 잘 보좌하면서 인테리어를 성공적으로 이끌 수 있을 것이다.

자신없는 공정을 동네 인테리어 업체에 의뢰하고 덤으로 모르는 부분을 질문하면서 셀프 인테리어를 진행하는 것도 한 방법이다.

물론 신용할 수 있는 업체를 골라야 한다.

시공비의 구성

"자재비와 인건비"

시공비는 자재비와 인건비로 구성된다. 이 두 요소는 인테리어 공사의 핵심 중의 핵심이다. 즉, 공사를 수행하는 데 직접적으로 투입되는 모든 비용이 바로 이 두 가지다. 여기에 자재 운반비나 부수적인 현장 비용이 더해지긴 하지만, 기본 구조를 이해하고 있다면 불필요한 바가지를 쓸 이유가 없다.

또한 각 공정별 주요 자재와 인건비, 즉 기공(숙련공) 과 준기공(보조공) 의 임금 수준을 알고 있다면 기술자와의 대화가 훨씬 수월해진다.
서로의 입장을 이해하고, 합리적인 공사 진행이 가능해진다.

공정별 인테리어 시공

주민동의서와 엘리베이터 보양, 그리고 주동선 보양등등 사전 준비가 되어있다면 제일 먼저 철거부터 시작이다.

철거

철거를 단순히 '때려 부수고 버리는 일'로 생각하면 곤란하다. 사실 철거는 인테리어 공정 중에서도 가장 중요한 단계 중 하나이며, 현장에서는 "철거가 인테리어의 꿀파트다"라는 말이 있을 정도로 핵심 공정으로 꼽힌다. 철거를 깔끔하게 해두면 다음 공정이 훨씬 수월해진다.

또한 인테리어를 진행하는 입장에서는 공사비를 조정할 수 있는 여지가 가장 큰 구간이기도 하다. 철거 인력비와 폐자재 처리비를 잘 조율하면 전체 공사비의 일정 부분을 절감할 수 있다. 즉, 철거는 공정의 출발점이자 비용을 절약할 수 있는 포인트다. 무엇보다 중요한 것은 깔끔한 철거, 그다음이 경제성이다.

그리고 철거 후 설비작업(배관, 배선 등)에 대한 이해가 있는 철거 오야지(반장)를 만나면 공정 진행이 매끄러워지고, 경제적으로도 큰 도움이 된다.

철거 전 준비와 현장 점검

공사를 처음 진행하는 사람이라면, 철거반장과 함께 현장을 미리 둘러보는 것이 좋다. 유능한 철거반장은 도면을 보지 않아도 현장에서 무엇이 필요하고 어디를 주의해야 하는지를 바로 파악한다. 철거 전 미팅은 공사 방향을 잡고 불필요한 추가비용을 막는 첫 단추가 된다.

철거 견적을 현명하게 받는 법

철거비 견적을 받을 때는 온라인 카페나 밴드 등 커뮤니티를 활용하면 편리하다. 철거 범위와 사진을 올려두면 여러 업체가 견적을 제시하는 경매식 견적 방식으로 진행할 수 있다.

하지만 터무니없이 낮은 견적을 제시하는 업체는 반드시 주의해야 한다.
철거도 다른 공정과 마찬가지로 이윤이 남아야 하는 일이다.
너무 낮은 가격을 제시하는 업체는 현장에 와서 "생각보다 어렵다", "추가비용이 필요하다" 등 일부 업자가 말을 바꾸는 경우가 있다.
특히 철거업계는 시장 진입 장벽이 낮고, 인성이 거친 인력도 많기 때문에 사전에 전화 통화로 말투, 태도, 책임감을 확인하는 것이 중요하다.
온라인 글에는 "추가 요구나 말 바꾸는 분 사절"이라는 문구를 미리 명시해두면 불성실한 업체를 걸러내는 데 도움이 된다.

철거업체와의 문제 대처

다행히 철거는 초기 공정이기 때문에, 일정을 조정하거나 다른 업체를 섭외하기가 비교적 쉽다. 초반에 확실하게 정리해두면 이후 공정이 훨씬 깔끔하게 진행된다..

문철거   바닥철거

인테리어 Tip **철거시 꼭 체크포인트**

01 철거 후 화장실이나 주방쪽 누수가 되는지 꼭 확인할 것이다. 싱크대를 철거하거나 화장실 위생기구를 철거하게 되는 경우 배관을 잘 막지 않으면 그 곳에서 물이 누수되어 밑에 집에 새는 경우가 흔히 발생한다. 정말 주의해야 할 것으로 특히 싱크대 앵글밸브 연결부분 누수 확인은 필수이다. 확인 방법은 눈으로 보는 것과 이음새 부분을 손으로 만져 보는 방법을 쓴다. 화장실에서 누수가 되어도 어차피 하수구로 빠지지만 싱크대 냉온수 누수는 바로 밑에 집에 물이 세게 된다. 요주의 항목!

02 천정몰딩을 철거할 때 미리 칼집을 내고 철거하는지 확인하여야 한다. 천정몰딩을 단순히 힘으로 철거하면 주위 석고보드가 부서지기에 주위를 한번 칼집을 내고 철거하는지 확인하여야 한다. 만약 그냥 도구로 철거할 경우 주위 벽면에 손상을 주게 되어 후행공정인 페인트나 도배를 할 때 어려움을 주게 된다.

03 화장실 철거시 가장 조심해야 할 것 중의 하나는 철거 전에 하수구 막히는 것이다. 철거를 진행하다 보면 타일과 시멘트 가루가 들어가 막히게 되는데 하수구를 반드시 막고서 해야 한다. 목장갑이나 다른 도구로 막고 진행해야 하는데 전체 철거경우 많은 분진이 들어가 하수구를 뚫는데 많은 비용이 들어갈 수 있다. **목공용 장갑** 등을 이용해서 공사 전에 막고 시작한다

04 철거 후 정리에 신경쓴다. 물체를 철거한 자리는 타카핀 같은 것이 있는 경우가 많다. 후행공정의 기술자가 그것을 처리해야 하고 일을 해야 하는데 철거단계에서 타카핀을 제거해서 바탕을 정리해 놓는다면 후행공정의 시간을 세이브 할 수 있다.

마루철거

마루 철거의 순서와 주의사항

마루 철거는 일반 철거 전에 하거나 후에 진행할 수 있지만, 일반적으로는 일반 철거가 끝난 뒤에 시행하는 경우가 많다. 다만 두 공정의 순서는 현장 상황에 따라 조정 가능하다.

마루 철거는 소음이 매우 크기 때문에, 작업 전 반드시 아래층과 인접 세대에 사전 통보하는 것이 중요하다. 소음 민원이 발생하면 공사가 중단될 수 있으므로, 사전 양해와 안내 문구 부착은 필수 절차다.
또한 마루 철거는 일반 철거와 별도의 공정으로 구분된다.
따라서 보통은 일반 철거업체와 마루 철거업체를 따로 섭외한다.

일부 업체가 두 작업을 동시에 하기도 하지만, 드문 편이다.

견적 방식과 평수 계산

마루 철거는 대부분 평당 단가 기준으로 견적을 산출한다. 철거 면적이 실제로 측정 가능하므로 견적 시비가 적은 편이다. 작업이 끝나면 철거 기사가 "총 몇 평이 나왔다"고 알려주며, 이 수치는 이후 마루 시공이나 타일 시공의 면적 계산 기준이 된다. 다만 최종 시공 시에는 로스(loss) 분량이 포함되므로 실제 마감 시공 면적은 철거 평수보다 약간 더 많게 산정된다.

맥반석 본드 사용 현장의 추가비

과거 일부 아파트에서는 "건강에 좋다"는 이유로 맥반석 본드를 사용해 마루를 시공한 사례가 있다. 이 본드는 접착력이 매우 강해, 철거 시 난이도가 높고 시간이 오래 걸린다. 따라서 이런 현장은 보통 평당 5,000원 정도의 추가 철거비가 발생한다. 이 경우 철거 장비의 칼날(날) 도 더 좋은 것을 사용해야 하고, 작업 속도가 현저히 떨어지므로 작업 시간과 인건비가 모두 증가한다.

주상복합 건물의 진동·소음 문제

주상복합 아파트나 오피스텔처럼 철골 트러스 구조(철근이 1층부터 상층까지 일체형으로 이어진 구조) 의 건물은 마루 철거 시 진동과 소음이 위층까지 그대로 전달될 수 있다. 즉, 중간층에서 작업을 해도 꼭대기층까지 울림이 전달될 수 있으며, 낮 시간대라 하더라도 업무 중인 입주민의 민원으로 공사 중단 요청이 들어올 수 있다. 따라서 이런 건물에서는 철거 시간과 소음 통제 계획을 사전에 충분히 협의해야 한다.

요약 포인트

마루 철거는 소음이 크므로 인접 세대 통보 필수 일반 철거와는 별도 공정이며, 보통은 일반 철거 후에 진행 평당 단가로 견적, 실제 철거 면적이 기준
맥반석 본드 사용 현장은 평당 추가비 발생
주상복합 건물은 소음·진동 민원 위험이 높아 사전 협의 필요

마루철거 모습

설비공사

설비 공사는 '눈탱이'가 가장 많은 공정

설비 공정은 이른바 '눈탱이'(바가지 요금) 가 가장 자주 발생하는 분야다. 이 또한 일부의 업자때문에 그렇게 느껴진다 그만큼 비용의 기준이 불분명하고, 단가가 공개되지 않은 영역이기 때문이다. "부르는 게 값"이라는 말이 딱 들어맞는다. 결국 설비공사는 정보 비대칭이 가장 큰 영역이라 할 수 있다.

설비 자재의 기본만 알아도 바가지는 피할 수 있다 하지만 방법이 전혀 없는 것은 아니다. 호랑이 굴에 들어가도 살아 나올 방법은 있다. 설비 공사에 사용되는 주요 자재 세 가지와 몇 가지 기본 부품만 알아두면, 더 이상 과도한 비용을 지불할 이유가 없다. 예를 들어, 설비업자가 요구하는 자재의 종류와 단가를 철물점이나 자재상가에서 직접 확인해보면 대략적인 자재비의 시세를 파악할 수 있다. 그 상태에서 협상하면, 비용을 합리적인 수준으로 낮출 가능성이 커진다.

설비 인건비의 합리적 기준

설비업자가 하루 종일 일하는 것이 아니라 3~4시간 정도의 작업을 진행했을 때 35만 원 정도의 인건비라면 상대적으로 후한 금액에 속한다고 볼 수 있다. 따라서 견적을 받았을 때 이 기준을 참고하면 된다. 만약 인건비 외에 자재비가 과도하게 책정되었다면, 필요한 자재를 직접 구입하여 제공하고, 인건비만 협상하는 방식으로 비용을 낮출 수도 있다.

설비자재 대표 3인방

01 에이콘(PB)

현대 설비공사에서 가장 많이 사용하는 자재인 듯 하다 과거 동관을 대체한 플라스틱 관으로 주택인테리어나 상업인테리어나 이 에이콘이 간편한 설치와 뛰어난 성능으로 평정을 했다고 해도 과언이 아니다. 보온, 보냉효과가 뛰어나고 동파에도 강하며 내열성 또한 좋고 무독성으로 완전 만능배관으로 가장 우수하고 편리한 관이다.

02 엑스엘(XL) 난방관

바닥난방배관용으로 주로 사용되는 관으로 현재 바닥난방배관용으로 가장 많이 쓰이기에 주택인테리어를 할 경우 꼭 알고 있어야 한다. 반투명하여 내부가 실짝 비추어 보이며 반영구적인 수명을 가지고 있다. 주로 거실이나 방을 확장했을 때 바닥 배관 연장에 많이 쓰인다. 독성이 있으므로 음용수용 배관으로 부적합하며 햇빛에 오래 노출되면 수명이 단축되어 갈라지는 현상을 보인다.

03 스텐 주름관

주로 보일러 배관같은 곳에 많이 쓰며 스텐으로 되어 있어서 외부충격에 강하고 주름관으로 자바라 형식이라 별도의 부속없이 변형이 자유로운 편이라 편리한 면이 있지만 바닥에 매립하면 부식이 일어날 수 있으로 주로 노출로 많이 쓰인다.

에이콘(PB)　　　　　XL관　　　　　스텐주름관

3가지 관의 종류를 알고 있으면 대부분 인테리어 설비는 커버가 된다. 그리고 연결관의 종류는 수십가지가 있지만 대표적으로 밑의 4가지만 일단 알아보자. 위의 3가지 배관 공통으로 모두 비슷하니 몇가지만 알고 있어도 큰 도움이 된다.

01 소켓: 관이 잘렸을 때 서로를 연결하는 관으로 많이 쓰인다.

02 엘보우: 팔꿈치라는 뜻에서 알 수 있듯이 기억자로 구부린 모습을 하고 있어서 에이콘이나 엑스엘 관의 방향을 전환할 때 주로 쓰인다.

03 레듀샤: 처음에 레듀샤라는 단어를 들었을 때 메듀샤라는 단어가 떠올랐는데 이것은 reducer라는 줄여준다는 영어의 일본식발음이 우리나라에서 공용어로 통용되는 단어중 하나이다. 어떤 관의 지름을 줄이거나 반대로 늘릴 때 사용된다. 예를 들어 우리나라 수도관은 15mm관이 기본인데 20mm나 25mm인 관을 15mm로 맞추기 위해 줄일 때 쓰인다.

04 T형 관: 하나의 관에 하나를 더 더할 때 사용한다. 지름이 다를 경우 이경 T라고도 부른다.

그 외 여러 가지 관의 종류가 많은데 대표적으로 위의 4가지만 소개하겠다 4가지만 알아도 기본적인 설비공사의 자재를 이해하는데 큰 도움이 된다. 더 많은 관의 종류를 알기 위해서는 유튜브나 네이버블로그등을 검색하면 쉽게 여러 종류의 관을 알 수 있다.

벽체단열, 바닥확장공사

단열공사는 주로 방이나 거실을 확장했을 때 외벽이나 그 위 천정을 마감하는 작업이다. 벽체 마감은 주로 열반사필름과 아이소핑크(30t),한치각(다루끼)와 우레탄 폼으로 마감한다.

바닥난방배관확장은 바닥을 10cm 정도 파내어 일명 진바닥이 나온 상태에서 제일 밑에 아이소핑크 30~50T를 깔고 그위에 열반사 필름을 시공후 메쉬와이어를 이용하여 엑스엘관을 배치하고 미장을 한다.

목공

상가 등 상업공간에서 목수의 역할은 절대적이다. 목수의 손에 따라 인테리어의 완성도가 달라진다고 해도 과언이 아니다. 한편 주거용 아파트 현장에서는 목공의 역할이 좀 더섬세한 작업을 요구한다. 주요 작업은 가벽 시공, 천장 몰딩, 우물천장 작업이 중심이며, 그 외에는 확장부 마감, 구멍난 벽체 보수, 문틀 보강 등 보조적 역할이 많다.

많은 사람들이 "가구는 목수가 제작한다"고 생각하지만, 사실 싱크대나 붙박이장 등은 가구 공장에서 제작되어 들어오고, 현장 목수는 현장 내 설치 및 구조 보강에 집중한다.

목수의 근무 형태와 작업 관리

현재 대부분의 목수는 일당제 시스템으로 일한다. 따라서 하루 안에 가능한 많은 작업량을 이끌어내는 것이 인테리어 실장이나 작업감리자의 핵심 역할이다.

목수의 근무 시간은 보통 오전 9시부터 오후 4~5시까지이며, 감독자가 없는 경우에는 일부 기술자들은 일당을 늘리기 위해 의도적으로 작업을 늦추거나, 하루 반 또는 이틀 분량으로 일을 쪼개는 경우도 발생한다.

이런 특성을 이해한다면, 감리자나 인테리어 실장은 하루에 어느 정도 작업이 정상적인지 기준을 알고 관리해야 한다.

하루 작업량의 기준 – 가벽 시공 예시

예를 들어, 투플라이(2겹 석고보드) 가벽 시공의 경우, 높이 2,400mm 기준으로 하루 약 4미터 정도 시공하면 중간 수준의 작업량으로 본다. 이 이상 작업하면 충분한 생산성을 낸 것으로 평가할 수 있다. 가벽은 목공 중에서도 가장 대표적인 작업이므로, 현장에서는 이 기준을 기본 잣대로 삼는다.

천장 몰딩 작업의 특성

천장 몰딩은 별도의 전문 기술이 필요하다. 따라서 몰딩만 전문으로 하는 목수에게 의뢰하면 작업 효율과 마감 품질이 훨씬 높다.

특히 30평대 아파트 전체 천장 몰딩은 숙련된 전문 목수라면 하루면 충분히 시공 가능하다. 반면, 몰딩을 전문적으로 하지 않은 목수는 속도와 완성도 모두 떨어질 수 있으므로 주의가 필요하다.

몰딩의 종류에 따라 시공 속도 차이도 크다. 예를 들어, 평몰딩 / 마이너스 몰딩 → 일반적인 속도, 갈매기 몰딩(곡선 형태) → 평몰딩 대비 작업 속도가 약 절반 수준으로 떨어진다.

한편으로 목공 장비를 알아야 목수들과 대화할 수 있다

필수장비는 각도절단기, 타카, 톱다이, 원형톱 정도라고 볼 수 있으며 이중 각도절단기와 타카(콤프레샤)는 반드시 있어야 한다. 우선 타카는 타카의 종류에 대해 알아야 한다.

F30 타카: 타카의 기본으로 앞의 3자는 3cm길이를 의미한다. 심이 실타카에 비해 두꺼운 편이므로 비교적 강한 고정작업에 요긴하다.

실타카: 일반적으로 630, 625, 618로 불리기도 하는데 30, 25, 18은 핀의 길이를 의미한다. 타카들은 모두 타카 자국이 생기는데 깊게 박아야 할곳이 있고 짧게 박아도 충분한 경우가 있으니 자재 두께에 따라 선택하면 좋다.

422 타카: 이것은 유일하게 디귿자로 생긴 타카핀으로서 자재를 확실히 잡아주어야 할 때 주로 사용하며 벽체나 천정작업에 많이 쓰인다. 일반적으로 뒤에 J자가 표기되는데 J자가 표기되어있으면 디귿자형 타카핀이라고 보면 된다.

대타카: 대타카는 말그대로 아주 긴 타카이고 주로 구조체나 강한 고정을 원할 때 사용되는데 주로 DT64와 ST45이다 DT는 목재에 박는 것 ST는 주로 콘크리트에 구조목을 박는데 쓰인다.

위의 4가지 타카만 있다면 웬만한 목공공정은 다 할 수 있다. 그리고 반드시 알아두어야 할 것이 있는데 타카총에 따라 사용하는 타카핀이 다르다는 것이다.

예를 들어 F30에 실타핀을 넣고 발사를 하면 타카핀이 내부에서 막히게 되어 수리를 하지 않으면 못쓰게 된다. 즉 타카핀에 맞는 타카총이 다르다는 것이다.

이러한 타카는 콤프레샤라는 압축공기를 제공해주는 기기와 같이 쓰인다.

F30　　　　　　　　　　대타카

실타카　　　　　　　　422 타카

세계적인 유명 공구 브랜드

    인테리어 현장에서 사용되는 공구 브랜드에는 어떤 것들이 있을까? 이런 것도 알고 있으면 좋다. 인테리어를 직접 하지 않더라도 상식으로 알아두면 유용한 내용이다. 현장에서 쓰이는 공구 브랜드는 정말 다양하지만, 기본적으로 미국의 밀위키(Milwaukee), 디월트(DeWalt), 그리고 **일본의 마끼다(Makita)**가 가장 널리 사용된다. 이 세 브랜드는 모두 내구성과 성능 면에서 높은 신뢰를 받는 대표적인 전동공구 브랜드다.

    현장에서는 흔히 **'장비빨'**이라는 말을 쓴다. 좋은 장비를 사용하면 가공이 더 정밀하고 작업 효율도 높아진다. 때로는 내가 잘해서가 아니라, 장비가 좋아서 결과가 더 잘 나올 때도 있다. 물론 "명필은 붓을 탓하지 않는다"는 말처럼 사람의 실력이 가장 중요하다. 하지만 시공 분야에서는 사람의 능력뿐 아니라 공구와 장비의 품질도 그만큼 중요하다.

좋은 장비는 작업자의 손끝 감각을 더욱 섬세하게 만들어주며, 결국 사람과 장비가 함께 어우러질 때 최고의 결과물이 나온다.

01 마끼다

로고	제품모습	비고
makita		1915년 전기모터판매, 수리로부터 시작한 마끼다는 1958년, 일본에서 전기 대패를 최초로 생산하고, 판매하는 회사가 되었고 세계적인 전동 공구 전문회사이다. 우리나라에도 사용층이 매우 두텁다.

02 디월트

로고	제품모습	비고
DeWALT		1922년 레이몬드 디월트에 의해 설립된 디월트는 수십여 년간 뛰어난 품질과 내구성으로 전 전세계의 전문 기술자, 공업 및 상업분야의 작업자, 제조 분야의 종사자들의 신뢰하는 제품이다.

03 밀워키

로고	제품모습	비고
Milwaukee		1924년 창사 이래 혁신적이고 특화된 솔루션을 제공하는데 모든 역량을 집중하여 공구 산업을 이끌어온 밀워키는 성능과 내구성 등 모든 면에서 마켓을 선도하고 있다. 국내에서는 최고 프리미엄 브랜드의 입지를 구축했으며 3개 제품중 가장 비싸다.

이 세 가지 브랜드(밀워키, 디월트, 마끼다)는 전동공구, 측정공구, 함마드릴, 유압공구 등 인테리어 현장에서 사용하는 주요 공구 전반을 아우르는 메이저 브랜드다. 어떤 제품을 선택하더라도 기본 이상의 성능과 내구성을 기대할 수 있다.

가격대는 밀워키가 가장 높고, 디월트가 그 중간, 마끼다가 가장 합리적인 편이다. 세 브랜드 모두 품질은 우수하지만, 배터리 규격이 서로 호환되지 않기 때문에 처음 구입할 때는 한 브랜드로 통일하는 것이 경제적이다. 현장에서는 같은 브랜드의 배터리를 여러 기기에서 함께 사용할 수 있는 효율성이 매우 중요하다. 이러한 메이저 브랜드 외에도 수많은 공구 브랜드가 존재한다. 그중에서도 **힐티(HILTI)**는 중장비 및 콘크리트 관련 공구 분야에서 세계적으로 인정받는 프리미엄 브랜드다. 가격은 다소 높지만, 정확성·내구성·안전성에서 최고 수준으로 평가받으며 시공업계에서는 일종의 '장비의 명품'으로 불릴 정도다.

우라나라의 자랑 아임삭

전동드라이버 브랜드 중에서도 나는 국내 브랜드 '아임삭(AIMSAK)'을 가장 높게 평가한다. 1989년에 설립된 회사인데, 그 품질이 유럽·일본 제품에 결코 뒤지지 않는다.

솔직히 처음에는 이름만 보고 유럽 브랜드인 줄 알았다. 그만큼 디자인, 내구성, 성능 면에서 완성도가 높다. 전동공구 중에서도 특히 전동드라이버, 멀티커터, 로터리 해머드릴, 임팩트 해머드릴, 앵글 그라인더 등은 아임삭이 자랑할 만한 대표 제품이다. 나는 현장에서 아임삭 제품을 사용할 때마다 "이런 공구를 만드는 나라에서 일한다는 게 참 자랑스럽다"고 느낀다.

입문자에게 추천하는 제품 조합

입문자라면 **아임삭(AIMSAK)**의 임팩트 드라이버와 해머 드라이버 콤보 세트를 추천한다. 이 구성은 가성비가 뛰어나며, 초보자도 쉽게 다룰 수 있다.

해머 기능: 드릴 비트가 앞뒤로 진동하며 피스를 박거나 콘크리트를 타공할 때 힘을 보강해준다.

임팩트 기능: 회전 중 순간적인 충격(토크)을 주어 피스가 헛돌지 않게 고정시켜 준다.
이 덕분에 초보자가 십자홈을 벗어나거나 피스를 망가뜨리는 문제를 크게 줄일 수 있다.

아임삭 공구의 가장 큰 장점은 우수한 그립감과 가벼운 무게다. 장시간 작업해도 손목에 부담이 적고, 밸런스가 뛰어나 피로감이 덜하다. 작업 중 손에 착 달라붙는 느낌이 있어, 실제로 사용해보면 "국산도 이렇게 잘 만들 수 있구나"라는 감탄이 나온다.

대한민국 공구 기술의 자부심

아임삭은 국내 기술력만으로도 이제 세계 시장에서 경쟁할 수 있는 수준에 올라 있다.
이 브랜드가 존재하기에, 더 이상 우리나라를 '공구 후진국'이라 부를 수 없다.
개인적으로도 아임삭은 세계 최고 수준의 전동공구 브랜드 중 하나라고 생각한다.

현장에서 아임삭 공구를 사용할 때마다 "좋은 공구는 작업자의 능력을 배가시킨다"는 말을 실감한다.
아임삭과 함께하는 현장은 언제나 빠르고, 정확하며, 편안하다. 좋은 공구는 단순히 도구를 넘어, 작업자의 손끝 감각과 자신감을 완성시키는 파트너다.

COMPACT SERIES
AO 414RMII 3G　COMBO

14.4V 드라이버 드릴, 임팩트 드라이버

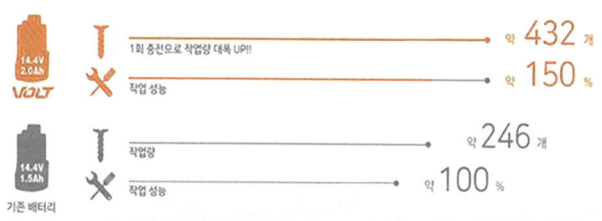

각도 절단기

　인테리어 목공공구 중에 제일 많이 사용되는 것이 아마 각도 절단기일것 같다. 주로 목재 절단을 위해 사용하는데 10인치 모델이 주로 사용된다.
　슬라이딩각도 절단기는 톱날이 이동할 수 있어서 조금 더 길게 자를 수 있다.

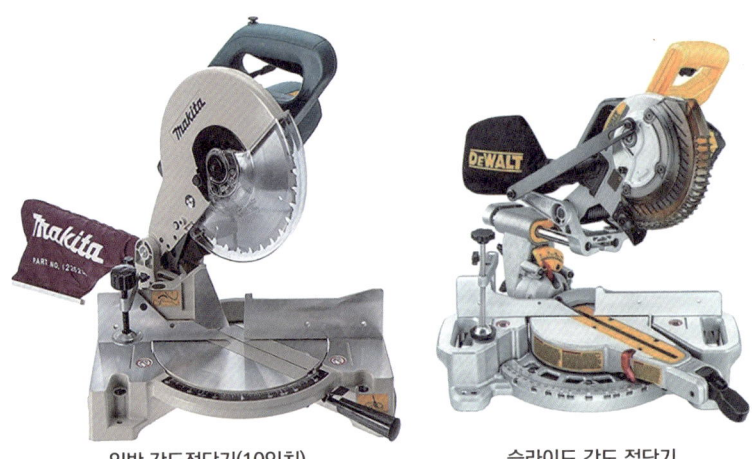

일반 각도절단기(10인치)　　　슬라이드 각도 절단기

멀티 커터

  직쏘처럼 물체의 가운데 구멍을 내거나 좁은 면 정리가 가능한 멀티커터, 전동 사포로도 활약이 가능하다. 최근 현장에 계신 나이드신 목수분이 멀티 커터를 모르시는 분이 계셨는데 유용하게 쓰일때가 많다.

목공자재

  한치각(다루끼)-12개가 한 묶음으로 이것을 한단으로 하여 한단 단위로 판매한다. 기다란 목각재이다. 27x27x3600mm 사이즈

한치각(다루끼) 출처: 바나나 목재

투바이포(투바이)-6개가 한 묶음으로 이것을 한단으로 판매하는데 구조체로 쓰일 벽체등에 주로 사용된다. 이 또한 기다란 목각재이다.

30x69x3600mm 사이즈

목공 자재 주문과 운반 요령

목공 공사에서 가장 많이 사용하는 각재 자재는 기본적으로 길이가 3,300mm 또는 3,600mm이다. 따라서 주문할 때는 자재상에 2,400mm로 절단 요청을 하는 것이 좋다. 자재상에서는 요청만 하면 바로 절단해 배송해 준다. 그 이유는 간단하다. 2,400mm 길이가 일반적인 엘리베이터 규격에 들어가기 가장 편한 길이이기 때문이다. 자재를 그대로 3,600mm로 받으면 엘리베이터에 싣기 어렵고, 운반 중 파손 위험도 높아진다. 그래서 가능하면 미리 절단해서 받는 것이 효율적이다.

물론 예외도 있다. 예를 들어 천장이 높은 상가나 카페 시공 현장이라 3,600mm 자재가 그대로 필요한 경우도 있다. 이럴 때는 절단하지 말고 긴 자재 그대로 주문하는 것이 좋다. 운반 방식도 현장 조건에 따라 달라진다. 저층이라면 계단으로 직접 올려도 무리가 없지만, 고층 건물의 경우는 사다리차를 이용하는 것이 훨씬 효율적이다. 사다리차를 쓰면 인력 소모가 적고, 자재 손상 위험도 줄일 수 있다.

석고보드

석고보드는 목공의 주재료 중 가장 많이 쓰이는 자재이다. 칼로 살짝만 긋고 뒷면에서 구부리면 쉽게 절단된다. 불연, 흡음재이기도 하여 세계적으로 가장 많이 쓰이는 목공자재이다. 가격이 저렴한 것이 최대 장점이긴 하나 쉽게 부서지는 것이 단점이다. 그래서 코너에는 MDF를 대고 마감하는 경우가 대부분이다.

MDF

재를 고온에서 해섬(解纖)하여 얻은 목섬유에 접착제를 결합해 만든 합판이다. 석고보드와 함께 인테리어 현장에서 가장 많이 사용되는 목공용 판재 중 하나로, 벽체 보강이나 가구 제작 등 다양한 용도로 쓰인다. 일반적으로 9T(9mm) 두께가 가장 많이 사용되며, 가구 제작 시에는 18T가 주로 쓰인다. 이 외에도 3T부터 30T까지 다양한 두께가 있으므로, 용도에 맞게 선택하면 된다.

MDF의 기본 규격(온장)은 1220×2440mm이며, 크기가 커서 운반이 불편하므로 보통 600×2440mm로 길이 절단(롱컷) 하여 배달받는 것이 좋다. 이는 엘리베이터에 자재가 들어가지 않는 상황을 대비하기 위한 것이다.

최근에는 밀도를 높여 강도와 내구성을 개선한 고밀도 MDF 제품도 출시되어 있다.

합판

합판(Plywood)은 표면이 매끄럽지는 않지만 매우 튼튼한 자재다. 주로 거실 벽에 TV를 벽걸이로 설치할 때, 선반을 달 때, 또는 문을 설치해야 하는 천장 부위 등에 많이 사용된다. 다양한 두께로 제작되며, 용도에 따라 선택이 가능하다. 합판의 가장 큰 단점은 가격이 비교적 비싸다는 점이다.

목재 합판은 얇게 벗겨낸 **원목 단판(單板)**을 나뭇결 방향이 서로 엇갈리도록 여러 겹 겹쳐서 만든 판재를 말한다. 사용된 나무의 종류에 따라 일반 합판, 베니어 합판, 남양재 합판, 나왕 합판 등으로 불리지만, 실제로는 그 명칭이 업체마다 조금씩 다르다. 또한 **물에 강한 방수 합판(Waterproof Plywood)**도 있으며, 습기가 많은 장소나 외부 공사에 유용하다.

목공용 본드, 실리콘

타카는 일종의 못인데 본드를 바르고 타카를 박아야 더 튼튼한 접합이 가능하다 경우에 따라 실리콘을 사용하는데 투명실리콘이 접착력이 좋다고 한다. 실리콘은 비초산실리콘을 쓰며 도배나 페인트가 닿는 부분에는 수성실리콘을 사용한다.

자재 발주하는 방법

인테리어 자재 발주 시 가장 중요한 것 — 엘리베이터 크기 확인

모든 인테리어 자재를 주문할 때 가장 먼저 확인해야 할 핵심 포인트가 있다. 바로 현장 엘리베이터의 크기다. 엘리베이터 내부 사이즈보다 자재가 크면, 결국 계단으로 옮기거나 사다리차·스카이·크레인을 불러야 한다. 이 과정에서 추가 인건비와 시간이 발생하므로, 자재 발주 전 반드시 엘리베이터 치수를 실측해야 한다. 현장마다 구조가 다르기 때문에, 자재 운반 계획을 세우는 단계부터 건물 구조, 진입 동선, 자재 크기, 층수 등을 모두 검토해야 한다. 이것이 바로 현장 관리의 기본 중 기본이다.

석고보드 및 각재 물량 산출 요령

대표적인 인테리어 자재인 석고보드는 규격이 900mm × 1800mm, 면적으로 환산하면 **0.64㎡(헤베)**이다. 시공될 총 면적을 기준으로 계산한 뒤, 로스율(손실률)을 10~20% 정도 더해 넉넉히 주문하는 것이 좋다. 현장에서는 절단, 파손,

재시공 등의 변수가 많기 때문이다.

또한 투바이(2×4) 등 각재는 일반적인 벽체 높이 **2,300mm 기준, 길이 4m에 한 단(세로 한 구간)**으로 물량을 계산하면 된다.

현장에서 자주 이야기하는 48사이즈와 36사이즈

인테리어 현장에서 자주 듣게 되는 "48이냐, 36이냐"라는 말은 합판이나 단열재(아이소핑크 등) 같은 넓은 판자재의 규격을 의미한다.

36사이즈 = 910mm × 1830mm

48사이즈 = 1220mm × 2440mm

여기서 숫자 36, 48은 판재의 가로·세로 규격을 나타내는 공용 치수 단위로, 1자(尺)를 약 303mm로 환산한 값이다. 따라서 예를 들어 누군가 **"8.5T 48사이즈"**라고 말한다면, 이는 두께 8.5mm, 크기 1220mm × 2440mm의 합판을 뜻한다. 이런 규격 표기법은 목공, 단열, 석고 등 모든 대형 판재 공정에서 공통적으로 사용되므로 현장에서 반드시 알아두어야 할 기본 단위다.

> **인테리어 Tip 목공자재 발주는 공사 당일오전에 쓸 물량만 주문한다**
>
> 필자가 가장 많이 하는 방법은 작업 전날 체크하여 석고보드 몇장, MDF 몇장과 목공본드3개, 한치각 한단, 투바이 한단을 2400절단하여 주문하고 작업당일 아침8시에 자재를 받은 후 목수와 같이 양중(세대까지 자재를 올리는 것)하고 나서 일을 하면서 추가 필요자재를 목수에 물어 주문하게 되면 오전일은 기존 자재로 일하는 중에 추가 자재가 도착하니 목수가 일을 못하는 시간이 없다. 일반적으로 공사현장은 자재를 2~3번 정도 더 시키는 경우가 대부분이니 이것

> 이 더 효율적인 경우가 있다. 심지어 일하는 사람도 정확하게 들어가는 물량을 모르는 경우가 많다. 이른바 해보아야지 알 수 있는 것이다.

투바이 같은 각재는 원래 3300mm또는3600mm 정도 길이인데 엘리베이터에 안 들어가는 경우가 대부분이기에 자재를 주문할 때 2400mm으로 절단해서 받는 것이다.

Q&A 아파트 공사시 아파트 전문 목수가 따로 있나요?

> 아파트 전문 목수가 따로 있나 없나 라고 질문한다면 따로 있다고 할 수 있겠다. 아무래도 아파트를 많이 해본 목수와 다른 것을 많이 해본 목수는 다른 면이 있다. 전반적으로 주거쪽 목수는 섬세함을 요한다. 집은 두고두고 보게 된다. 하지만 상업공간은 어느 정도 디테일이 떨어져도 누가 크게 뭐라 하지 않는다. 아파트의 경우 섬세한 작업이 가능하며 아파트를 많이 해본 목수가 좋다. 무엇이든 그 분야를 많이 해 본 사람이 잘하듯이 목수도 그런것 같다.

천정몰딩 공사

대표적으로 아파트에 많이 하는 공사 중의 하나가 천정몰딩 공사이다. 예전 두꺼운 몰딩만 가드다란 몰딩으로 교체하여도 집이 모던해 진다. 몰딩공사하는 방법은 현장에 따라 여러 가지 형태로 나온다.

01 기존현장이 두꺼운 갈매기 몰딩일 경우

기존현장이 두꺼운 갈매기 몰딩일 경우에는 기존 몰딩을 제거 해야 한다. 앞에서 설명한데로 기존몰딩 양옆으로 칼집을 내고 요령 있게 철거하지 않으면 기존 석고보드가 같이 떨어져 마감이 좋지 못하게 된다. 그것을 피하기 위해 숙련된 철거 기술자를 쓰던가, 철거시작전에 철거기공에게 주지 시켜야 한다.

02 기존현장이 얇은 갈매기몰딩이나 일자 몰딩일 경우

이 경우는 기존 몰딩을 뜯어내지 않고 더 큰 갈매기 몰딩으로 덧방을 치는 공사를 많이 한다. 오래되어서 곧 재건축에 임박한 아파트를 수리하는 경우 큰 비용을 들이지 않고 하기 위해서이다. 그렇게 하면 철거비를 절약할 수 있다. 기존 몰딩을 철거하지 않음으로 해서 기존 구조를 손상시키지도 않는다.

현재 많이 쓰이는 마이너스 몰딩은 크게 두 가지 종류가 있다. 이계단 몰딩이라고 부르는 계단몰딩인데 이것을 현재 마이너스 몰딩이라고 부르는 경우가 많다. 현장상황에 따라 인코스와 아웃코스를 바꾸어서 시공한다. 원래는 두꺼운 면이 방쪽이고 얇은 쪽이 벽쪽이지만 벽쪽에 홈이 많은 경우는 두꺼운 면을 벽쪽으로 해서 시공해도 무방하다.

마이너스 몰딩과 무몰딩 시공의 차이

'마이너스 몰딩'이란 천정면이 실제로 안쪽으로 들어가게 시공된 형태를 말한다. 즉, 천정과 벽이 만나는 경계선을 안으로 한 단계 들어가게 마감하는 방식이다. 여기서 한 단계 더 나아간 것이 바로 **'히든 마이너스 몰딩'**이다 이 방식이야말로 진짜 마이너스 몰딩이라고 할 수 있다.

히든 마이너스 몰딩은 일반적인 석고 시공과 다르다. 먼저 천정을 **원플라이(석고 한 장 시공)**로 잡은 뒤, 두 번째 석고를 칠 때 몰딩을 끼워 넣는 방식으로 작업하거나, 처음부터 석고 원플라이 단계에서 몰딩을 함께 삽입하기도 한다. 둘 다 손이 많이 가는 정밀한 시공법이기 때문에, 당연히 시공비가 더 높다.

무몰딩 시공의 개념

요즘 인테리어에서 유행하는 '무몰딩 시공'은 사실상 이 히든 마이너스 몰딩 시공을 의미한다. 즉, 천정과 벽이 만나는 경계선을 완전히 숨기거나 경계면이 매끄럽게 이어지는 시공이다. 이 방식은 경계가 깔끔하고, 모던하면서도 고급스러운 느낌을 준다. 하지만 '무몰딩 시공'이라고 해서 정말 아무 몰딩도 사용하지 않는 경우도 있다. 이럴 땐 도배나 페인트로 바로 마감하는데, 사전에 ㄱ자 몰딩 등으로 밑작업을 하지 않으면 천정과 벽의 만나는 부분이 흐릿하고 둔탁한 인상을 줄 수 있다. 즉, 깔끔한 느낌이 떨어지게 된다.

무엇보다 중요한 것은,

현장의 상태를 직접 확인하고 함께 작업하는 목수와 충분히 상의해서 결정하는 것이다. 시공 방식 하나가 전체 인테리어의 완성도를 크게 좌우하기 때문이다.

결론적으로,

무몰딩은 단순히 "몰딩이 없는 인테리어"가 아니다. 그 안에는 정밀한 시공 기술, 현장 여건 판단, 비용의 균형이 모두 들어 있다. 겉으로는 단순해 보이지만, 그 안의 과정은 오히려 더 복잡한 디테일의 집약체다.

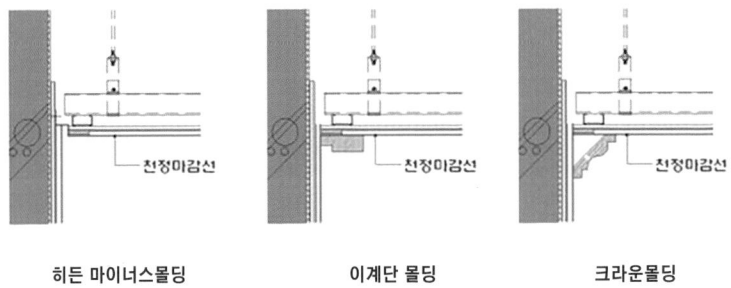

히든 마이너스몰딩   이계단 몰딩   크라운몰딩

히든마이너스몰딩   이계단몰딩

문틀, 문짝 교체하는 경우

아파트 등 주택 인테리어 공사에서는 대부분 문이 포함된다. 문 교체 방식은 ① 문짝만 교체하는 경우와 ② 문틀과 문짝을 함께 교체하는 경우로 나눌 수 있다.

① 문짝만 교체하는 경우

문틀을 그대로 두고 문짝만 교체할 때는 기존 문틀에 필름을 감싸는 경우가 많다. 이때 이지경첩(Easy Hinge)을 사용할 경우, 문과 문틀 사이 간격은 7~8mm 정도를 빼고 치수를 잡는다. 그래야 문짝이 닫힐 때 간섭이 없고 개폐가 자연스럽다.

② 문틀과 문짝을 함께 교체하는 경우

문과 문틀을 모두 새로 시공할 때는 기존 문틀을 철거한 후, 오픈된 벽체 면에서 상·하·좌·우 1cm씩 작게 발주하는 것이 일반적이다. 현재 달려 있는 문틀과 동일한 치수로 주문할 수도 있으나, 가능하면 0.5cm 정도라도 작게 발주하는 것이 좋다. 이는 아파트 다용도실 문 등처럼 구조가 미세하게 틀어져 있는 경우, 동일 규격으로 주문하면 문틀이 들어가지 않는 사례가 많기 때문이다.

③ **경첩 선택**

최근에는 시공이 간편해 이지경첩을 많이 사용한다. 다만 문이 무겁거나 시스템 도어처럼 하중이 큰 문짝의 경우 일반 이지경첩으로는 버티기 어렵고 하자가 발생할 수 있다. 이 경우 문을 전문으로 다루는 목수에게 의뢰해 일반경첩 또는 중량용 경첩으로 시공해야 한다. 이렇게 해야 문틀 처짐이나 경첩 이탈 등 추후 하자 발생을 예방할 수 있다.

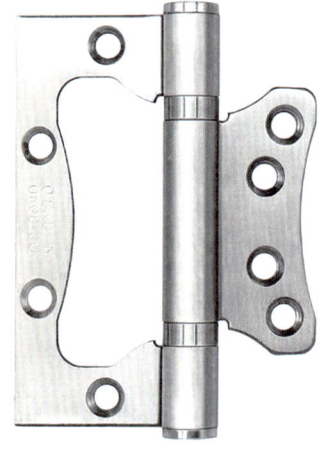

이지 경첩

일반경첩(나비경첩)

국내 유명 목공자재 브랜드

국내에서 많이 사용하는 목공자재 브랜드로는 영림과 예림이 대표적이다. 이 외에도 우딘, 재현하늘창 등 다양한 중소기업 브랜드가 있으며, 제품 간 약간의 차이는 있지만 품질 면에서는 큰 차이를 느끼기 어렵다. 시장 인지도 측면에서는 영림과 예림이 상대적으로 잘 알려져 있다.

한 가지 주의할 점은 브랜드마다 색상 명칭이 다르다는 것이다. 같은 '화이트' 색상이라도 '백색', '중백색', '순백색', '미백색' 등으로 표기되며, 실제 색상 톤도 조금씩 다르다. 따라서 한 현장에서는 동일 브랜드의 자재를 사용하는 것이 바람직하다. 브랜드를 혼용할 경우 미묘한 색상 차이로 인해 마감 품질이 떨어져 보이는 문제가 발생할 수 있다.

> **인테리어 Tip 문과 문틀발주는 미리한다**
>
> 일반적으로 목공사는 인테리어 공정의 초기 단계에 해당한다. 문은 주문 제작 제품이므로 제작 기간이 5일에서 7일 정도 소요된다. 구조가 복잡하거나 특수 사양의 문은 이보다 더 오래 걸릴 수 있다.
>
> 문 공정은 다음 단계의 기준이 되기 때문에 발주를 미리 해두지 않으면 전체 공정이 지연될 수 있다. 특히 문틀이 설치되어야 수평·수직 기준이 형성되고, 그에 따라 타일, 몰딩, 도장 등 후속 공정 진행이 가능해진다. 따라서 목공 공정에 문틀이나 문짝 시공이 포함되어 있다면, 사전에 목수를 섭외해 현장 실측 후 문을 먼저 발주하는 것이 중요하다. 기존 문을 철거하지 않은 상태에서도 어느 정도 실측이 가능하지만, 정확한 치수를 위해서는 철거 후 실측하는 것이 가장 바람직하다.

중문 공사

중문 공사 개요 및 유의사항

중문 공사는 목공 공정에 포함되지만, 일반적으로 현장에서 목수가 직접 제작하지 않는다. 중문 전문 회사에서 공장에서 제작된 제품을 납품하고, 중문 시공자가 현장에서 설치하는 방식이다. 중문은 아파트 인테리어에서 시각적 중심 요소이자 공간 분리의 핵심이므로 중요도가 높다. 최근에는 다양한 디자인과 형태의 제품이 출시되고 있으며, 대표적으로 3연동 도어, 슬라이딩 도어, 스윙도어, 폴딩도어, 터닝도어 등이 있다. 폴딩도어와 터닝도어는 제조사별 규격과 구조가 달라 각각 해당 회사에 직접 주문해야 하며, 특히 터닝도어는 숙련된 목수가 시공 가능한 경우도 많기 때문에 현장 상황에 맞춰 목수와 협의하여 시공 여부를 결정하는 것이 좋다.

중문 설치 시 주의사항

중문 설치는 바닥 상태에 따라 시공 난이도가 크게 달라진다. 설치 위치의 바닥이 어떤 마감인지(타일, 마루, 시멘트 등)를 미리 확인하고, 기존 레일이 있다면 반드시 철거 후 중문 실측기사와 협의해야 한다. 또한 바닥 경사가 심한 경우 설치가 불가능할 수도 있으므로, 현장 상태를 사전에 점검하고 중문 회사 측과 설치 가능 여부 및 대안을 협의하는 것이 중요하다.

전기 공사

　전기공사 중 전기배선공사는 목공공사와 함께 공사 초반에 진행되는 핵심 공정이다. 배선은 천장, 벽체, 바닥 등의 구조가 마감되기 전에 설치되어야 하므로 초기 단계에서 정확히 계획하고 실행해야 한다. 주택 인테리어에서 일반적인 콘센트 및 조명 배선을 제외하면, 추가로 반드시 확인해야 할 주요 전기 배선 항목이 있다. 다음 5가지 항목은 누락 시 재시공이 불가하거나 큰 추가비용이 발생할 수 있으므로, 공사 초기에 반드시 체크해야 한다.

　01 인덕션용 전용선: 최근에는 가스레인지 대신 인덕션을 사용하는 가정이

늘고 있다. 인덕션은 전력 소모가 크기 때문에 차단기 용량을 상향 조정하고, 인덕션 전용 배선을 별도로 분리 시공하는 것이 바람직하다. 일반적인 주택에서는 2.5SQ(전선 굵기 단위) 배선을 많이 사용하지만, 인덕션은 고출력 전류를 견뎌야 하므로 4SQ 전선을 사용하는 것이 일반적이다. 다만 원룸이나 소형 주택처럼 전력 사용량이 적은 경우에는 차단기 용량을 증설하지 않아도 문제가 없는 사례도 있다. 이런 경우에는 전기기사와 상의하여 필요 여부를 결정하면 불필요한 비용을 줄일 수 있다.

02 현관 신발장 하단 부근의 간접등 배선: 최근 인테리어 현장에서는 신발장 하부에 간접조명을 설치하는 경우가 거의 필수적으로 자리 잡고 있다. 현관문을 열고 들어왔을 때 센서에 의해 자동으로 불이 켜지면, 공간이 밝아지면서 집이 나를 맞이하는 듯한 환영의 느낌을 준다. 또한 이 조명은 단순한 연출용이 아니라 실용적인 기능도 갖는다.

신발장 하부의 어두운 공간을 밝혀주기 때문에 신발을 꺼내거나 정리할 때 편리하며, 밤 시간대에는 메인 조명을 켜지 않고도 은은한 조도로 이동이 가능하다.

03 욕실 간접등 배선: 욕실에 센서등을 설치한다던가 거울장 밑에 간접등을 설치한다던가 거울에 조명이 들어오게 한다던가 하는 것이 인테리어 포인트가 되어 많은 분들이 선호하고 있다. 타일 시공전에 미리 전선을 묻어 둔다던가 배선을 해두는 것이 중요하다.

04 싱크대 상부장 하부 간접등 조명: 싱크대 상부장 밑 간접등도 많이 설치되

는 부분이기에 사전에 전기기사가 들어 왔을 때 계획해두는 것이 좋다.

05 TV전원콘센트 이동: 요즘 TV를 벽걸이 모습으로 설치하는 경우가 많은데 이럴 때는 TV의 위치로 콘센트를 옮기는 것이 좋다. 전선이 보이지 않게 정리되어서 좋다. 일반적으로 TV뒷면을 보면 사각형형태가 중앙에 튀어나온 경우가 대부분이기에 옆으로 약간 이동된 위치에 설치해 주면 좋다.

전기공사시공 모습

그밖에 스위치 및 조명 이동이나 콘센트 이동 및 신설등은 공사 초기단계에서 전기배선 공사가 필수이다.

전선 연결 커넥터 와고 커넥터

전선 연결 시 사용하는 커넥터 중 **'와고(WAGO) 커넥터'**라는 독일 제품이 있다. 이 커넥터는 전기공사 현장에서 결선 작업을 빠르고 안전하게 수행할 수 있어 매우 유용하다. 기본적인 전선 결선 방식은 전선을 서로 꼬은 뒤 전기테이프로 절연 처리하는 방법이다. 그러나 배선 수가 많거나 공간이 협소한 경우에는 이 방식이 시간이 오래 걸리고 마감이 불편하다. 와고 커넥터를 사용하면 별도의 꼬기 작업 없이 전선을 삽입만 해도 결선이 완료되며, 연결이 확실하고 절연성도 우수하다. 2선용, 3선용 등 다양한 규격이 있으며, 인터넷을 통해 소량 구매해 현장에 비치해 두면 매우 유용하게 활용할 수 있다.

해외에서는 이 커넥터를 표준 결선 방식으로 인정하고 사용하고 있어, 그만큼 안정성과 신뢰성이 검증된 제품이라 할 수 있다.

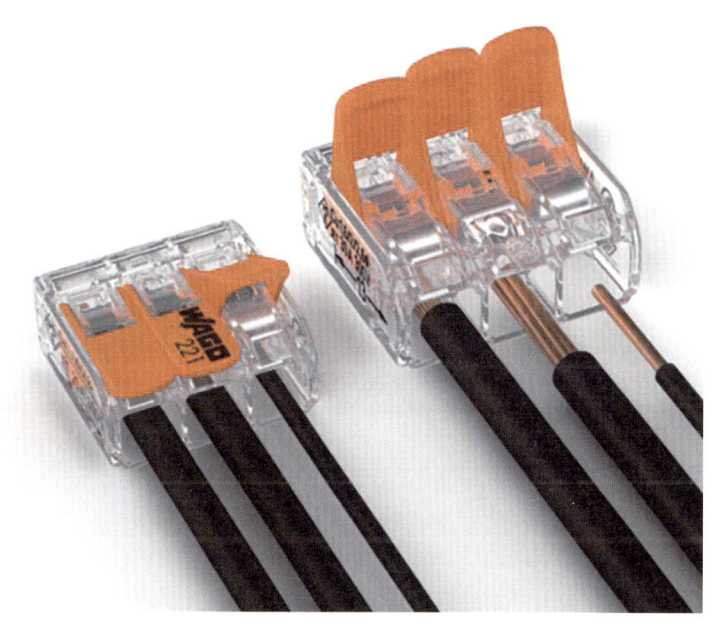

독일 와고사의 커넥트 전기선 결선이 쉽고 정확하지만 가격이 좀 있다.

타일 공사

　인테리어에서 가장 중요한 공정 중 하나가 타일 시공이다. 타일은 한 번 잘못 시공되면 수정이 거의 불가능하거나, 수정 시 큰 비용과 시간이 소요된다. 따라서 정확한 시공과 숙련된 기술이 무엇보다 중요하다.

　셀프 인테리어를 처음 시도하는 사람에게 타일 공정은 가장 어려운 분야 중 하나일 수 있다. 특히 물이 사용되는 화장실, 세면공간, 다용도실 등은 대부분 타일로 마감되기 때문에 시공 품질이 전체 공간의 완성도에 큰 영향을 미친다.

　또한 타일 공정은 시공비가 높은 분야 중 하나이며, 기술자의 숙련도에 따라 결과가 극명하게 달라지는 영역이다. 업계에서는 일급 타일 기술자가 부르는 게 값일 정도로 귀하게 대우받는다. 현장에서 오랜 경험과 노하우로 완벽한 마감을 내는 이들은 인테리어 업계에서도 가장 존중받는 숙련 기술자들이다.

타일의 종류

　도기질 타일: 도기질 타일은 약 800~1100도의 비교적 낮은 온도에서 소성(燒成) 되는 타일로, 강도가 낮은 편에 속한다. 이러한 특성 때문에 싱크대 벽면 타일이나 욕실 벽면 타일 등 하중이 적은 부위에 주로 사용된다. 디자인이 다양하고 가격이 저렴해 선택 폭이 넓지만, 강도가 약하므로 바닥용으로는 사용하지 않는다.

　자기질 타일: 자기질 타일은 고온(약 1200~1400도)에서 구워 강도가 높은 타일로 주로 바닥타일로 사용되지만 벽용으로도 사용된다.

폴리싱타일: 타일에 유약을 바른 타일로 과거에는 주로 상업공간에 사용되었지만 요즘에는 주거, 상업공간에 모두 사용되고 있다. 대부분 유광 제품이며, 오염에 강하고 청소가 쉽다는 장점이 있다. 반면 표면이 매끄럽기 때문에 물기가 있는 상태에서는 미끄럽다는 단점이 있다. 따라서 욕실이나 베란다 등 습기가 많은 공간에는 비추천이며, 거실이나 현관 등 시각적으로 넓고 밝은 효과를 주고 싶은 공간에 적합하다

포셀린타일: 고온에서 소성(燒成)하여 제작한 고강도 타일이다. 일반 타일보다 밀도가 높고 흡수율이 낮아 내구성과 강도가 뛰어나며, 표면과 내부가 거의 동일한 색을 띠는 '전신 타일(Full Body Tile)' 형태로 만들어진다. 대부분 무광 제품이 많아 은은하고 고급스러운 질감을 연출할 수 있다. 폴리싱 타일과 포셀린 타일은 성격이 다르지만, 어느 한쪽이 더 '좋다'고 단정 짓기보다는 공간의 용도와 디자인 취향에 따라 선택하는 것이 바람직하다. 광택감이 있는 세련된 분위기를 원하면 폴리싱 타일, 차분하고 자연스러운 질감을 원하면 포셀린 타일이 어울린다.

> **Q&A** 도기질 타일과 자기질 타일을 어떻게 구분하나요?
>
> 도기질 타일과 자기질 타일은 타일 뒷면으로 구분한다. 도기질타일은 주로 적색이나 회색빛을 띠고 있으며 자기질 타일은 전후면이 비슷한 색상이다. 자기질타일은 단단한 느낌이 들며 도기질은 연한 느낌이 든다. 가장 좋은 방법은 타일 구매처에 물어 보아서 구매하면 된다.

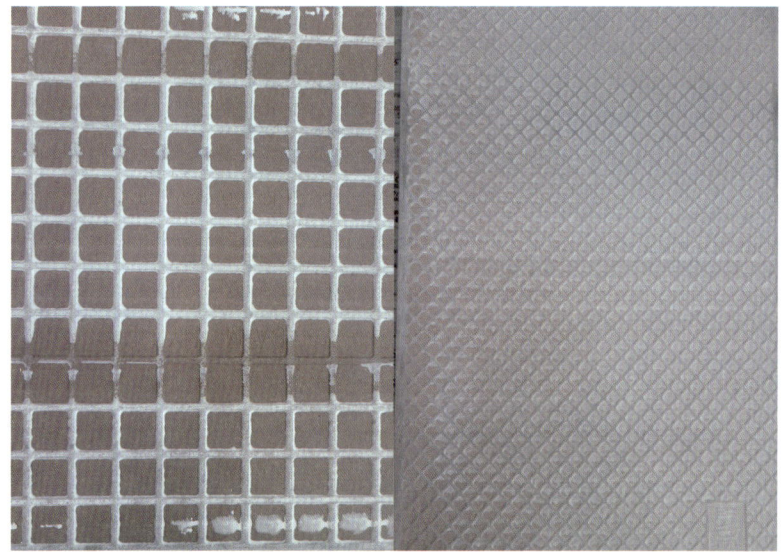

도기질 타일 뒷면　　　　　　　자기질타일 뒷면

인테리어 Tip 벽타일 주문할 때는 도기질타일을

벽에는 가능한 도기질타일을 쓰는 것이 좋다. 벽체에는 강도를 요하지 않는 도기질타일을 사용하면 다음과 같은 장점이 있다.

① 자기질에 비해 저렴하다.

② 추후 위생기구셋팅시에 벽에 구멍을 뚫어야 하는데 자기질 타일보다 용이하게 뚫리기에 기구셋팅 비용이 절감된다.

③ 타일시공방식이 올철거 후 떠발이 시공방식이라면 특히 도기질타일로 하는 것이 일정도 하루 단축된다. 떠발이 시공을 하루 단축시킨다는 것은 타일러 2사람 인건비를 절약한다는 것이다.

타일 붙이는 공법

압착공법

타일 시공은 평탄한 면에 시멘트를 흙손으로 발라 압착하는 방식으로 진행된다. 이 방식을 일반적으로 압착 시공이라 부른다. 벽면 시공의 경우에는 흔히 **'본드바리'**라고 불리며, 세라픽스(Cerapix) 등의 **타일 전용 접착제(본드)**를 사용해 부착한다. 두 방식 모두 부착면이 평활해야만 시공이 가능하다. 면이 고르지 않으면 접착력이 떨어지고, 시공 후 타일 탈락이나 균열이 발생할 수 있다.

떠붙임 공법

떠붙임 시공, 일명 **'떠발이'**라 불리는 방식은 부착면이 평탄하지 않거나 울퉁불퉁한 면에 타일을 붙일 때 사용하는 공법이다. 시멘트 몰탈을 일정 두께로 떠서 벽면에 바르고, 타일을 비벼가며 밀착시키는 방식으로 시공된다. 이 방식은 시공자의 숙련도와 힘, 세심함이 모두 요구되는 고급 시공법이다. 정확한 수직·수평 조정과 고른 압착이 필요하기 때문에 제대로 시공할 수 있는 작업자가 많지 않다.

떠붙임 시공은 도기질 타일에는 비교적 수월한 편이지만, 자기질 타일의 경우 타일 강도가 높고 흡수율이 낮아 접착력이 떨어지기 쉬우므로 더욱 높은 숙련도와 시간이 필요하다. 그만큼 시공비도 압착 시공보다 높은 편이다.

타일부자재

타일 시공에서는 타일 자재만큼이나 부자재의 비중이 매우 크다. 타일 본체는 면적 기준으로 산출이 가능하지만, 부자재는 경험이 없으면 정확한 물량 파악이 어렵기 때문에 초보자는 일부 시공자에게 부자재 사용량을 과다 청구당하는 경우도 있다.

화장실 시공 기준 부자재 사용량

세라픽스(타일 본드) 화장실 1칸 기준으로 약 3통 정도 사용된다. 그 이상을 요구하는 경우는 벽면 상태가 좋지 않거나 특수 상황일 가능성이 있다.

레미탈(떠붙임용 몰탈) 떠발이(떠붙임) 방식으로 시공할 경우, 40kg짜리 레미탈 기준 13~15포 정도가 필요하다. 일반적으로 벽 한 면당 약 3포 정도로 계산하면 된다.

대형 타일 시공 시 타일 크기가 클수록 드라이픽스 + 에폭시 혼합 시공을 권장한다. 접착력 확보와 변형 방지에 효과적이다.

거실 바닥 시공 시 부자재

거실 바닥이나 대면적 공간에 포셀린 타일을 시공할 때는 '드라이픽스 난방용' 폴리머 시멘트 계열 제품을 사용한다. 이 자재는 바닥난방의 열전도율이 높아 열효율이 우수하다. 사용량은 1평당 약 1.2포(20kg 기준) 정도가 일반적이지만, 바닥 평활도나 타일 크기, 현장 조건에 따라 물량이 달라질 수 있다.

부자재 선정 요령

부자재는 시공기공(기술자)과 사전에 협의해 결정하는 것이 가장 정확하다. 기공마다 사용하는 자재 브랜드나 작업 습관, 혼합 비율이 다를 수 있기 때문이다. 사전에 협의하면 불필요한 추가비용을 예방하고, 품질 편차를 줄일 수 있다.

코너비드

타일 시공 시 옆면이 노출되는 부분은 마감이 깔끔하지 않아 미관상 좋지 않다. 이럴 때는 코너비드(Corner Bead)를 사용해 모서리 마감을 해야 한다. 특히 기둥 모서리, 벽 코너, 벽돌림 부분 등은 코너비드 시공이 필수적이다. 시공 전에는 반드시 코너의 개수를 정확히 계산해 필요한 수량을 사전에 발주해야 한다. 현장에서 부족하면 같은 제품을 구하기 어렵거나, 색상·광택이 미묘하게 달라질 수 있다. 또한 타일 두께에 따라 코너비드의 규격이 다르므로 주의가 필요하다. 일반적으로 1.0mm용, 1.2mm용 두 가지가 가장 많이 사용된다.
타일 두께와 코너비드 규격이 맞지 않으면 모서리 단차나 이격이 발생할 수 있으므로 타일 자재 발주 시 함께 규격을 확인해 주문해야 한다.

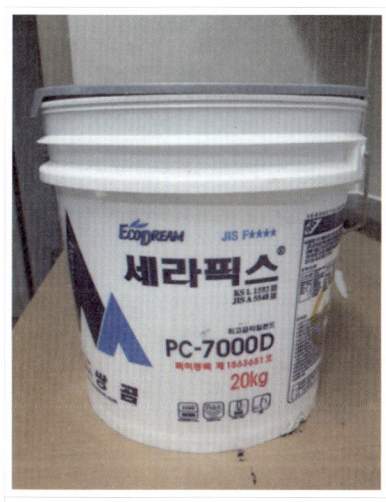

타일덧방용으로 주로 쓰이는 타일본드(세라픽스)

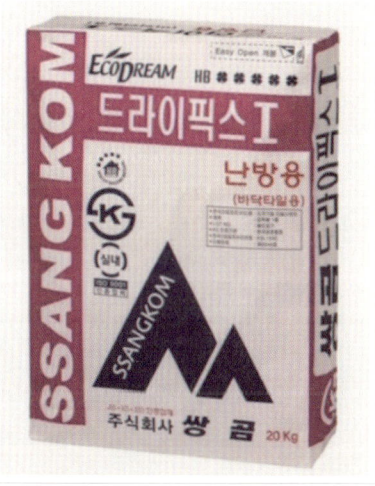

거실과 방같은 난방이 필요한 바닥에 사용하는 드라이픽스난방용 열전달이 되는 폴리머 시멘트이다. 탄성이있어서 고급시공자가 시공해야 한다.

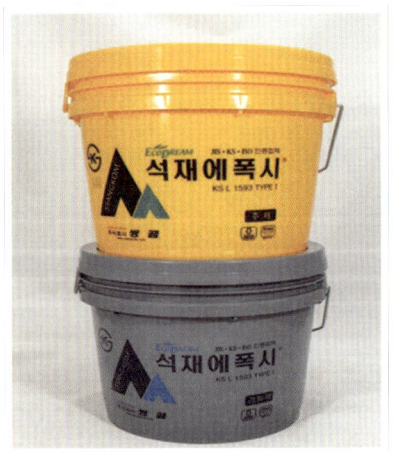

에폭시 대형타일등 강력한 접착을 필요로 할때 쓰인다. 주재와 부재로 되어 있어서 혼합해야만 화학적 효능을 나타낸다.

압착시멘트 난방이 필요없는 바닥시공용으로 주로 많이 쓰인다.

위의 사진은 주로 타일을 접착하는 부자재에 관한 설명이다.

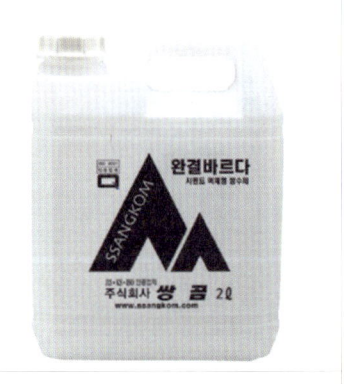

시멘트면에 타일부착력을 높여주는 **몰다인**

타일 부착시간을 단축해 주는 **급결방수액**

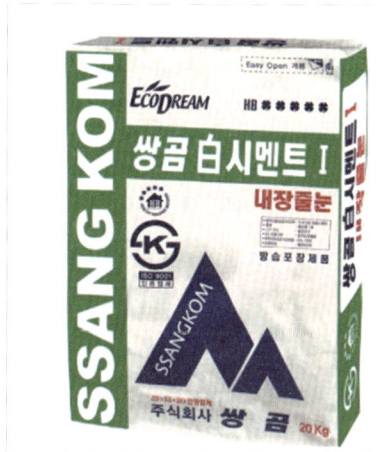

기타시공에 있어서 유용하게 쓰이는 백시멘트

줄눈 시공제 아덱스, 줄눈은 가급적 아덱스나 마페이같은 독일제 제품을 추천한다.

인테리어 Tip 줄눈(메지)에는 독일제 아덱스제품을

줄눈에 사용하는 제품은 국내 제품도 있지만 2000~3000원 더주고 독일제 아덱스 제품을 사용하는 것을 추천한다. 탄성을 가지고 있어서 잘 떨어지지 않고 부착력이 우수해 줄눈이 떨어지는 것이 훨씬 적다.

타일발주 방법

타일은 다른 자재에 비해 발주 방법이 비교적 단순한 편이다. 시공될 면의 가로와 세로 길이만 알면 면적(㎡)을 산출할 수 있으며, 발주 시에는 보통 헤베(㎡) 단위 또는 박스 단위로 계산한다. 타일 1박스는 주로 1.44헤베이다.

초보자가 실수하기 쉬운 부분 - 부자재

타일 자재 자체보다 초보자가 어려워하는 부분은 부자재 발주이다. 부자재는 시공 방식에 따라 사용량이 크게 달라진다.

덧방 시공(기존 타일 위에 시공) 세라픽스(타일 본드) : 3통, 압착시멘트 : 1포, 줄눈 메지 : 3봉 → 기준 : 화장실 1칸 기준

떠발이(떠붙임) 시공 벽 1면당 시멘트 몰탈 3포 정도 사용, 대형 타일의 경우 에폭시 접착제 추가 필요

시공 전 준비 절차

타일 종류가 결정되면 시공 담당 타일러(기공) 와 통화하여 현장 상황에 맞는 정확한 부자재 종류와 수량을 반드시 확인해야 한다. 필요 자재는 시공 당일 전에 현장에 미리 반입해 두어야 작업이 지연되지 않고 일정 관리가 수월히다.

> **인테리어 Tip 타일을 운송하는 방법(곰방)**
>
> 타일은 중량이 매우 큰 자재이기 때문에 운송비가 높은 편이다. 대부분 하남 등지의 물류창고에서 배송되며, 운송 거리와 물량에 따라 운송비만으로도 상당한 비용이 발생할 수 있다. 이 때문에 타일이 잘못 오거나 수량이 부족할 경우, 추가 배송 시 운송비가 큰 부담이 된다. 또한 일반적으로 배송은 현장 1층이나 차량 진입 가능한 지점까지만 이뤄진다. 이후 실제 시공 세대까지 타일을 옮기는 과정이 별도로 필요한데, 이를 '곰방'(운반 작업) 이라고 한다.
>
> **곰방 방식과 비용 분류**
>
> 곰방에는 다음 세 가지 방식이 있다. 1)운송기사가 직접 곰방을 하는 경우 2) 타일 기술자(타일러)가 곰방을 하는 경우 3) 전문 곰방 인력이 작업하는 경우

타일 물량이 적을 때는 타일 기공에게 소정의 비용을 지불하는 경우가 많지만, 물량이 많을 때는 전문 곰방 인력에게 의뢰하는 것이 효율적이다.

곰방 시 유의사항

타일은 무게가 상당해 타일러가 직접 곰방을 하면 체력 소모가 크다.
곰방 작업으로 피로가 누적되면 정작 중요한 타일 시공 품질이 저하될 수 있으므로, 가능하면 타일기공에게 곰방을 맡기지 않는 것이 좋다.
전문 인력을 별도로 투입하는 것이 공정 효율과 시공 품질을 모두 지키는 가장 합리적인 방법이다.

싱크대 타일

싱크대 타일은 비교적 가격이 비싼 포인트 타일들을 쓰는 경우가 많다. 타일 시공면이 적은 것이 이유일지도 모르겠다. 한 가지만 주의할 것이 있는데 싱크대 타일은 무게가 무거운 600x600mm 제품을 시공한다면 중간을 떠받히는 지지대가 필요하다. 지지대로 흘러내릴 수도 있는 타일을 지지한다면 안심이다. 주로 목공용 한치각 같은 긴 나무 막대기를 사용한다.

싱크대 타일 붙일 때 콘센트 위치를 잘 배치하여 사용자가 사용하기 편리한 위치에 있게 하는 것도 잊어서는 안 된다.

현관타일

현관 타일 시공은 현관 바닥 부분만 시공하는 경우와 신발장 아래나 경계석(턱)까지 함께 시공하는 경우로 나눌 수 있다. 한때는 거실 타일과 동일한 타일을 현관까지 이어 붙이는 방식도 유행했는데, 공간이 넓어 보이는 효과를 주는 장점이 있다. 사용되는 타일은 작은 크기의 핵사곤(hexagon) 타일부터 600각(600×600mm) 대형 타일까지 다양하다. 현관은 난방이 필요 없는 공간이므로, 일반적으로 압착 시멘트(본드) 시공 방식을 사용한다.

거실, 방 타일

최근에는 거실이나 방에도 포셀린 타일을 시공하는 경우가 많아졌다. 포셀린 타일은 일종의 인조 대리석이라 볼 수 있으며, 고급 자재에 속하기 때문에 시공 시 주택의 전체적인 가치가 높아지는 효과가 있다. 습기에 강하고 표면이 매끄러워 호텔 같은 고급스러운 분위기를 연출할 수 있는 점도 장점이다. 반면, 단단한 소재 특성상 아기가 있는 가정에는 적합하지 않다.

아직 다리 근육이나 균형 감각이 발달하지 않은 아이가 넘어질 경우, 딱딱한 타일 바닥에 부딪히면 부상 위험이 크기 때문이다. 또한 접시나 그릇을 떨어뜨렸을 때 쉽게 깨지는 단점도 있다. 거실에는 주로 600각(600×600mm) 포셀린 타일이 사용된다. 시공 시에는 몰다인(Moldinc) 모르다르 접착력 강화제와 급결 방수액을 함께 사용하는 것이 일반적이다. 타일은 드라이픽스(난방용 접착제) 방식으로 부착하며, 제품 가격은 한 포대당 약 2만 원 정도로 다소 고가에 속한다.

바닥이 평평하다면 평당 약 1.2포 정도가 소요된다. 시공이 완료된 후에는 줄눈(그라우트)을 시멘트로 메우는데, 시간이 지나면 가루가 빠져나오는 문제가 자주 발생한다. 이 때문에 요즘은 줄눈 코팅제를 덧발라 마감하는 경우가 많다. 줄눈을 코팅하면 가루가 빠지지 않아, 포셀린 타일 특유의 깔끔하고 수려한 질감을 오래도록 유지할 수 있다..

600각 타일시공모습　　　300X600각 타일 시공모습

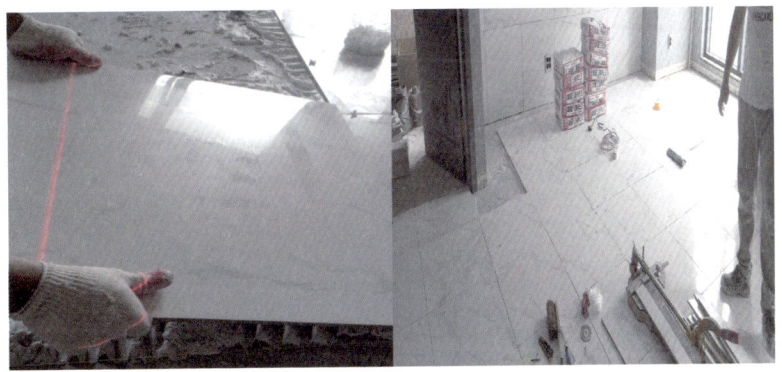

바닥폴리싱 타일 시공모습

타일 물량이 실제 물량보다 많이 나오는 이유.

타일 물량은 일반적으로 헤베와 평수를 다 같이 사용하는데 타일 평수는 실제 평수보다 작은 것이 대부분이다. 실제 면적은 10평인데 타일평수는 13평이고 타일 물량 산정에서는 일반적으로 **m^2(제곱미터, 헤베)**와 평 단위를 함께 사용한다. 이때 타일 평수는 실제 면적 평수보다 크게 계산되는 경우가 많다.

예를 들어 실제 면적이 10평인 공간에서 타일 평수는 13평, 시공 평수는 14평이라는 이야기가 나올 수 있다. 그 이유는 타일 한 박스에 들어 있는 면적 기준 때문이다. 일반적으로 타일 한 박스에는 약 **1.44㎡**의 타일이 들어 있는데, 이를 환산하면 약 0.44평(=1.44 ÷ 3.3) 정도이다. 즉, 여러 박스를 합쳐 계산할 때 실제보다 평수가 많아지며, 업계에서는 약 3.0㎡를 1평으로 보는 관행이 있다.

이 때문에 **실제 면적 평수(실평수)**보다 타일 평수가 더 크게 산출된다. 줄눈 폭을 감안하더라도 이 차이는 거의 줄지 않는다. 또한 시공 평수는 재단(컷팅)으로 발생하는 로스(LOSS) 타일까지 포함하기 때문에 항상 실평수보다 많게 나오는 것이 업계의 일반적인 계산 방식이다.
만약 실평수를 기준으로 타일 인건비를 지급하려 하면 타일 시공업자의 강한 반발을 받을 수 있다. 따라서 시공 견적을 낼 때는 시공 평수를 기준으로 단가를 적용하는 것이 일반적이다.

특히 대형 타일, 예를 들어 1200×600mm 포셀린 타일의 경우 **로스율(잘려서 버려지는 타일 비율)**을 최소화하도록 시공 전 설계 단계에서 배치 계획을 세우면 자재비와 인건비를 모두 절감할 수 있다.

결국, 타일의 로스율을 줄이고 시공 품질을 높이기 위해서는 시공자와의 사전 협의가 필수다.

화장실타일

화장실에 있어서 타일은 매우 중요한 공사이다. 기본적인 시공 타일은 벽타일 300x600각, 바닥은 300x300각이다. 여기서 벽타일은 직사각형 모양이기에 세로로 붙여야 하나 가로로 붙여야 하나를 자주 묻는다.

항목	가로 시공	세로 시공
특징	가로로 넓어 보이며 안정감을 준다	상승의 느낌으로 천정이 높아 보인다

가로시공　　　　　　　　　　세로시공

　세로시공이나 가로시공이나 시공의 난이도는 거의 같다. 이것도 시공자와 협의를 해서 해당 화장실에 어울리는 시공배열을 택한다.

　요즘은 화장실 구조를 변경하는 공사도 자주 이루어진다. 특히 욕조를 철거하고 샤워부스로 바꾸거나, 반대로 샤워실을 욕조가 있는 형태로 변경하는 사례가 많다. 이때 가장 중요한 선행 단계가 바로 **설비 작업(배관 및 배수 구조 변경)**이다. 욕조와 샤워부스는 배수 위치와 급수 배관의 높이, 배수 트랩 구조

등이 다르기 때문에 단순히 마감 자재만 교체해서는 해결되지 않는다.
경우에 따라서는 바닥 콘크리트를 일부 철거하거나, 기존 배수관의 경사도와 방향을 재조정해야 하기도 한다. 따라서 이러한 공사를 계획할 때는 반드시 설비공의 현장 점검을 선행해야 하며, 욕조 위치나 단차 구조, 배수구 방향 등을 사전에 충분히 검토해야 불필요한 추가 비용이나 하자를 방지할 수 있다.

01 욕조를 샤워실로 변경하는 경우

욕조 철거 후 샤워부스 설치 시 주의사항

기존 욕조용 샤워기는 일반적으로 지면에서 약 700mm 높이에 설치되어 있다. 따라서 욕조를 철거하고 샤워부스로 변경할 경우, 사용자의 신장을 고려해 **냉·온수 토출구를 지면에서 약 900~1200mm 높이로 이설(移設)**해야 한다. 이 작업을 소홀히 하면 샤워기의 위치가 지나치게 낮아져 사용 불편이 생긴다.

배수 계획의 중요성

샤워실 리모델링에서 또 하나 중요한 요소는 배수 계획이다. 샤워실 내부에 새로운 배수구를 설치할지, 혹은 기존 배수 라인을 활용할지를 사전에 결정해야 한다. 가능하다면 샤워실 내부에 독립적인 배수구를 신설하는 것이 가장 바람직하다. 이렇게 하면 물이 외부로 퍼지는 것을 방지하고, 샤워실 내부의 바닥에 **독자적인 구배(경사)**를 줄 수 있다. 즉, 물이 배수구 쪽으로 자연스럽게 흐르도록 설계하고, 샤워실 외부에는 별도의 경사와 배수구를 두어 이중 배수 체계를 만드는 것이 좋다.

이러한 세밀한 설비 계획이 이루어져야 샤워부스 설치 후 누수나 악취 문제를 예방할 수 있다. 결국 배수의 흐름은 눈에 보이지 않지만, 시공의 완성도와 사용 만족도를 결정짓는 핵심 요소다.

02 샤워실을 욕조로 변경하는 경우

샤워실을 욕조로 변경하는 경우는 기존 하수구를 욕조 하수구로 활용하고 욕조에서 물이 넘쳤을 때 그 물을 빠지게 하는 배수구(유가)위치를 욕조 가까이에 배치하여 설계한다.

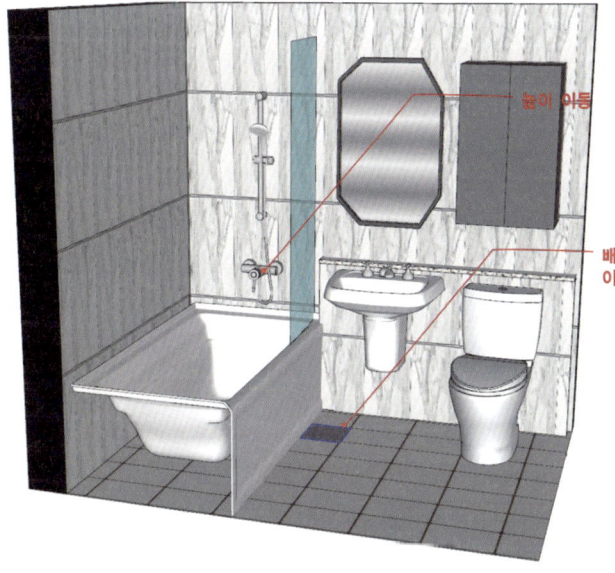

Q&A 타일 덧방이냐? 올철거 후 떠발이 시공이냐?

일반적으로 화장실시공에서 가장 묻는 질문이 아닐까 싶기도 하다. 덧방이 낫냐? 올철거 후 시공이냐? 항상 논쟁거리인 이것은 필자는 화장실을 처음 시공일때는 덧방을, 덧방시공후 재시공일경우는 올철거 후 시공을 권유한다.

덧방시공은 기존 타일면의 매끈한 면을 이용하기에 일명 본드바리라고 불린다.

타일 본드로 손쉬운 시공이 가능하다. 장점으로는 기존타일면을 철거하지 않으므로 폐기물이 적게 발생하며 방수등 신경쓸부분이 적어지므로 우수한 시공법임엔 틀림없다.

올철거 후 타일을 시공하려면 기존벽면이 고르질 못해서 일명 떠발이라는 타일 위에 몰탈을 놓고 비벼붙이는 시공을 하여야 하므로 시공비가 비싸며 폐기물, 방수등 여러 신경쓸 것이 많다. 그래서 인테리어 업체는 주로 덧방을 추천한다. 올철거 후 타일시공이냐? 아니면 덧방시공은 정말 어느 쪽 손을 들어주기 어려운 부분이다. 그래서 필자는 부분적으로 덧방시공, 부분적으로 떠발이시공을 선호한다. 오래된 아파트 경우 타일이 벽면 시멘트와 일체화(?)하여 너무 달라붙어서 철거하기가 너무 어려운 경우가 있다. 이런 경우 철거보다 덧방시공이 좋다 하지만 손으로 쳐보면 타일이 떨어지려고 위태위태한 경우가 있는데 이 경우 반드시 그 벽면은 올철거를 해야 한다. 기초가 부실하면 그곳에 타일 덧방을 해보았자 타일이 같이 떨어질 가능성이 크기 때문이다.

다른 한편으로 민원때문에 어쩔 수 없이 덧방공사를 선택하는 경우도 있다.

화장실 천정

화장실 천장 마감에는 주로 SMC 플라스틱 계열의 돔(dome) 자재가 많이 사용된다. 초기에는 가운데가 오목하게 들어간 곡면형 돔 천장이 일반적이었으나, 세월이 지나면서 물때와 곰팡이가 쉽게 끼는 단점이 드러나 현재는 **평평한 형태의 플랫 돔(flat dome)**이 주류를 이루고 있다. 조명은 **6인치 원형 매입등(다운라이트)**을 설치하는 것이 표준 방식으로, SMC 천장 자재에 잘 맞고 시공도 간편하다.

이 구조는 유지보수가 쉽고, 교체 시에도 별도의 천장 보수가 필요하지 않아

실내 욕실 리모델링에서 가장 일반적으로 선택되는 형태다.

화장실 위생기구 셋팅

화장실에는 양변기, 세면기, 샤워기 외에도 다양한 악세사리들이 설치된다. 시공 시에는 단순히 제품을 고정하는 것이 아니라, 사용자의 신체 조건과 공간 비율을 고려한 치수 설정이 중요하다.

① 세면기 높이

신축 아파트에서는 세면대가 지면에서 약 95cm 높이에 설치된 경우도 많다. 하지만 표준 높이는 약 80cm이며, 이는 평균 성인 기준으로 가장 무난한 높이이다. 다만 사용자의 키나 건강 상태에 따라 달라질 수 있다. 예를 들어, 허리를 숙이기 어려운 노년층이 있는 가정이라면 85~90cm 정도로 높여 시공하는 것이 편리하다.

참고: 필자는 경험상 80cm는 다소 낮다고 판단하여 83cm를 개인 표준 높이로 적용하고 있다.

② 샤워기 높이

샤워기의 냉·온수 토출구 높이는 지면에서 약 90~120cm 사이가 일반적이다. 보통 100~110cm 정도가 가장 사용하기 편한 높이로 평가된다. 시공 시에는 기존 배관의 높이를 확인하고, 낮으면 올리고 높으면 내리는 설비 보정 작업을 반드시 병행해야 한다.

③ 젠다이(세면기 선반)와 거울장 간격

젠다이가 있는 화장실의 경우, 젠다이 상단과 거울장 하단 사이 간격이 중요하다. 이 거리는 약 400mm(40cm)를 표준으로 하되, 욕실 천장 높이와 사용자의 키에 따라 ±20mm 정도 조정하는 것이 적절하다. 너무 좁으면 사용이 불편하고, 너무 넓으면 시각적으로 비율이 깨진다.

④ 기타 악세사리 설치 기준

수건걸이, 휴지걸이, 코너 선반, 고압 스프레이(비데건) 등은 사용자의 습관, 신체적 특성, 동선을 고려하여 설치 위치를 결정해야 한다. 예를 들어 어린 자녀가 있는 집이라면 휴지걸이 높이를 10cm 낮게 조정하거나, 코너 선반은 손을 뻗었을 때 무리 없이 닿는 높이(지면에서 110~120cm)가 적당하다.

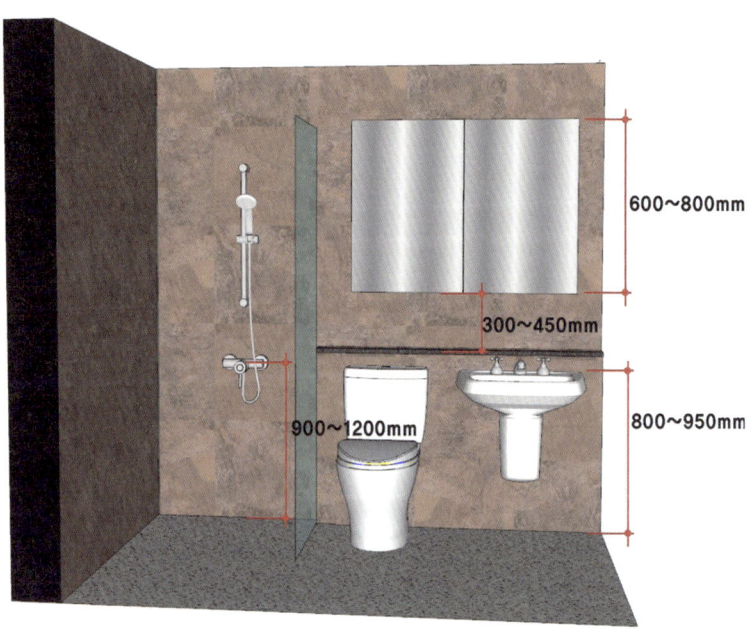

욕실 참조 주요치수

Q&A 욕실에 젠다이라는 것이 무엇인가요?

욕실 인테리어 상담을 하다 보면 "젠다이가 무엇인가요?" 하고 묻는 분들이 종종 있다. 업계에서는 이미 표준 용어로 널리 쓰이고 있지만, 일반 소비자에게는 낯선 단어일 수 있다.

젠다이(ぜんだい, Jendai)란 욕실 내에서 샴푸나 비누, 세면도구 등을 올려 둘 수 있도록 만든 선반형 턱을 말한다.
보통 세면기 옆이나 욕조 주변 벽면 하단에 설치되며, **물에 강하고 청소가 용이한 인조대리석(인공석재)**을 주로 사용한다.

젠다이는 단순한 수납 기능뿐 아니라 욕실 공간의 미적 균형과 사용 편의성을 높여주는 중요한 요소이다. 따라서 디자인과 높이, 배수 방향까지 고려하여 시공하는 것이 바람직하다.

Q&A 욕실에 천정은 어떤걸로 하나요?

욕실 천장은 일반적으로 SMC(Sheet Molding Compound) 재질의 돔천장으로 시공된다. 과거에는 중앙 부분이 오목하게 들어간 곡면 돔(Convex Dome) 형태가 많이 사용되었으나, 이 구조는 물때나 곰팡이가 쉽게 끼는 단점이 있었다. 최근에는 이러한 문제를 개선한 플랫돔(Flat Dome) 방식이 주로 시공되고 있다.

돔천장 시공과 위생기구(세면기·변기·샤워부스 등) 설치는 한 기사(기공)가 겸업으로 함께 시공하기도 하지만, 일반적으로는 각 분야 전문가를 따로 부르는 것이 더 효율적이다. 무엇이든 한 분야에 집중한 전문 시공자가 정확도와 마감 품질이 높은 결과를 내는 경우가 많기 때문이다.

화장실 위생기구셋팅 모습

인테리어 Tip 건강을 위해 욕실 위생기구는 정기적으로 교체를

욕실 기기 중 세면기와 변기는 대부분 세라믹 재질로 만들어져 있다. 이 세라믹 표면에는 **유약**이 발라져 있는데, 시간이 지나면서 물과 세제에 의해 이 유약이 점차 마모된다. 유약이 벗겨지면 표면이 거칠어지고, 그 틈에 오염물질이 쉽게 달라붙게 된다. 따라서 7~8년 주기로 세면기와 변기를 교체해 주는 것이 위생적이다.

최근에는 절수형 변기가 주류를 이루고 있으며, 물 사용량을 줄이면서도 세정력을 유지하는 다양한 제품이 출시되고 있다. 또한 소음 저감 기능이 추가된 제품들도 많아, 예전처럼 물 내리는 소리가 크지 않다. 다만, 소리가 약하다고 해서 세정력이 떨어진 것은 아니므로 걱정할 필요는 없다. 오히려 기술 발전으로 조용하면서도 효율적인 제품들이 점점 늘고 있다.

페인트

　페인트 작업은 많은 사람들이 단순히 '색을 입히는 일'로 생각하지만, 실제로는 재료의 특성과 바탕 상태에 따라 결과가 크게 달라지는 기술 작업이다. 페인트는 크게 **수성(水性)**과 유성(油性) 두 종류로 나눌 수 있다.

① **수성 페인트**

　수성 페인트는 물로 희석되는 페인트로, 칠할 때 부드럽고 작업자의 피로도가 낮은 편이다. 냄새가 거의 없고 가격도 비교적 저렴해 실내 벽면, 천장 등 주거공간에 널리 사용된다. 단, 표면 오염이 심하거나 기존 색상이 강할 경우에는 수성 페인트만으로는 완전히 덮이지 않는 경우가 있다. 이때는 도포 횟수를 늘리거나 유성 페인트로 전환하는 것이 좋다.

② **유성 페인트**

　유성 페인트는 기름 성분이 포함된 제품으로, 칠막이 단단하고 내구성이 우수하다.
표면이 오염되어 있거나 기존 도막 위에 덧칠할 때 효과적이다. 다만, 칠감이 뻑뻑해 작업자의 체력 소모가 크고, 휘발유 냄새가 강하며 가격도 수성보다 높은 편이다. 환기가 잘 되는 환경에서 사용해야 하며, 도장 도구 세척 시에는 **전용 신너(Thinner)**를 사용해야 한다.

③ **가구용 페인트와 젯소(프라이머)**

가구나 문틀처럼 매끄러운 표면은 부착력이 떨어지기 쉬우므로, 일반 벽용 페인트 대신 가구용 전용 페인트를 사용하는 것이 좋다. 가구용 제품은 표면 접착력을 강화한 성분이 들어 있어 도막이 잘 밀리지 않는다. 만약 일반 수성 페인트를 사용해야 한다면, 먼저 '젯소(프라이머)'를 1회 도포한 뒤 마감칠을 하면 부착력이 높아지고 색상 표현도 훨씬 선명해진다.

④ 도구 선택과 실전 팁

페인트 시공 경험이 적다면 페인트 가게에 직접 방문해 도장할 대상(벽, 가구, 철제 등)을 설명하고 **적합한 페인트와 도구(롤러, 붓, 트레이 등)**를 추천받는 것이 가장 안전하다. 대부분의 전문점은 현장 경험이 많은 주인들이 운영하기 때문에, 적절한 조색, 희석비율, 마감제 선택까지 도움을 받을 수 있다.

에어리스페인트를 위한 퍼티 시공모습 　　　페인트 수성 실리콘 작업

페인트 부자재

페인트 작업에는 다양한 도구가 사용되지만, 가장 기본이 되는 것은 붓과 롤러이다. 붓은 세밀한 마감용으로, 롤러는 넓은 면적을 빠르게 칠할 때 쓰인다.

① 롤러의 크기와 용도

롤러는 칠할 면적의 크기에 따라 구분된다. 9인치와 7인치 롤러는 벽면이나 천장처럼 넓은 면적에 적합하며, 3~4인치 또는 미니 롤러는 문틀·코너·가구 표면처럼 좁은 부분을 칠할 때 사용한다.

② 수입 롤러의 품질

최근에는 수입 롤러 제품이 많이 유통되고 있는데, 실제로 사용해 보면 흡수력, 도막 균일도, 질감이 뛰어나다. 가격이 몇천 원 더 비싸더라도 충분히 값어치를 하는 제품이다.

③ 롤러의 종류 (수성·유성·겸용)

롤러는 사용 목적에 따라 수성용, 유성용, 그리고 겸용으로 나뉜다. 일반 가정용이나 셀프 인테리어에서는 겸용 롤러를 사용하는 것이 편리하다. 하지만 전문 도장공은 도막 품질을 위해 수성과 유성을 구분하여 사용하는 경우도 있다.

④ 시공 전 확인사항

만약 페인트 기공에게 일당으로 작업을 의뢰할 경우, 어떤 롤러를 사용할지 사전에 확인하는 것이 좋다..

마스킹 테이프 & 커버링 테이프

칠하지 않는 면을 보호하는 역할을 하는 것으로 두께와 넓이가 다르다. 마스킹테이프는 두꺼운것과 얇은 것 2개정도. 커버링은 90센티, 60센티를 구입하면 대부분 사용할 수 있다.

아파트 주택작업에는 많지 않지만 망사테이프도 꼭 알고 있어야 한다. 석고보드와 석고보드의 이음새에 붙이고 위에 퍼티를 하는 것인데 망사테이프를 붙이지 않으면 크랙이 가게 된다. 단순히 페인트만 해서는 안 된다.

| 페인트 롤러 | 커버링 테이프 | 마스킹 테이프 |

퍼티

페인트 작업 전 표면을 고르게 다듬기 위해 사용하는 재료가 **퍼티(Putty)** 이다. 퍼티는 용도에 따라 크게 **외부용(아크릴릭 퍼티)**과 **내부용(핸디코트 퍼티)**로 나뉜다.

① **아크릴릭 퍼티**

아크릴릭 퍼티는 주로 외부용으로 사용된다. 건조 속도가 빠르고 굳은 뒤에는 단단한 강도를 유지한다. 다만, 완전히 경화되면 표면이 매우 단단해져서 사포질(샌딩)이 어렵다는 단점이 있다. 이러한 특성 때문에 빠른 작업 진행이나 줄빠데(이음매 정리) 작업에서 선호하는 기공도 많다. 작업이 빠르게 마르고 강도가 높기 때문에 시공 속도와 내구성 측면에서는 장점이 크다.

② **핸디코트 퍼티**

핸디코트(Handy Coat)는 흔히 "빠데"라고 부르는 내부용 퍼티이다. 가정 인테리어에서 가장 일반적으로 사용되며, 작업성이 부드럽고 샌딩이 용이해 초보자도 다루기 쉽다. 건조 시간은 아크릴릭보다 느리지만, 마감이 부드럽고 페인트 도장 전 표면 정리용으로 적합하다.

③ **실무 팁**

기공(도장공)에 따라 아크릴릭 퍼티만 사용하는 경우도 있다. 이는 작업 속도와 강도를 우선시하기 때문이다. 반대로 마감 품질과 평활도를 중시하는 작업에서는 핸디코트를 기본으로 사용한다. 따라서 공간의 용도와 작업자의 성향을 고려해 재료를 선택하는 것이 중요하다.

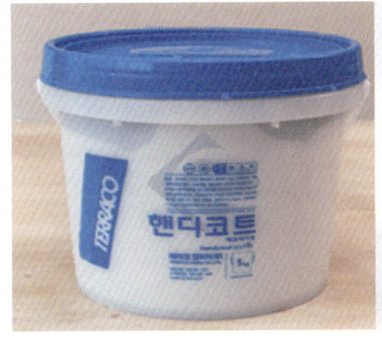 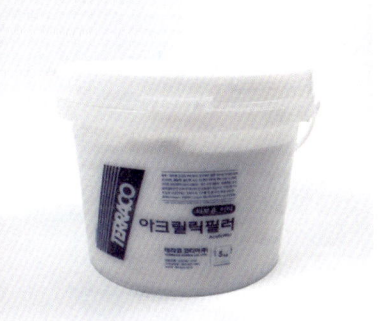

내부용 퍼티(핸디코트)   외부용 퍼티(아크릴릭 필러)

붓

붓은 모서리나 귀퉁이 좁은 면을 칠할 때 사용하는데 유성용과 수성용이 있다. 도장할 부위의 크기에 따라 붓을 결정하면 된다.

뿜칠 페인트(에어리스페인트)

일반석으로 붓이나 롤러로 칠한 페인트면은 붓자국이나 롤러 자국이 남기 쉽다. 이러한 단점을 보완하고 마감 품질을 높이기 위해 사용되는 방식이 바로 **뿜칠(스프레이 페인트)**이다. 요즘은 핸드건 형태의 뿜칠 장비도 많이 출시되어 있으며, 초보자도 비교적 쉽게 사용할 수 있을 만큼 성능이 향상되었다. 특히 페인트의 입자가 고르게 분사되어 표면이 균일하고 매끄러운 결과를 얻을 수 있다.

① 에어리스와 핸드건의 차이

전문가용으로는 에어리스(Airless) 도장기계가 많이 사용된다. 에어리스는 강력한 압력을 이용하여 페인트 원액을 그대로 분사할 수 있을 정도로 힘이 강하다. 그만큼 도막이 균일하고 작업 속도도 빠르지만, 장비 가격이 높고 관리가 까다롭다.

반면, 핸드건 타입의 스프레이기계는 페인트를 물로 약 30~50% 정도 희석한 후 사용해야 한다. 분사력이 약한 대신 다루기 쉽고, 최근에는 10만~20만 원대의 가정용 제품도 성능이 좋아 많이 활용되고 있다. 소규모 리폼이나 셀프 인테리어 용도로는 충분하다.

젯소(프라이머)의 역할과 필요성

특히 가구나 도어처럼 표면이 매끄럽거나 필름이 코팅된 자재는 그냥 페인트를 칠하면 잘 들러붙지 않는다. 이때 사용하는 것이 **젯소(프라이머, Primer)**이다. 프라이머는 일종의 접착제(본드) 역할을 하여 주재료와 페인트 도막 사이의 부착력을 높여준다.

따라서 표면이 매끈하거나 오염이 있는 경우, 또는 강한 접착이 필요한 재질(예: MDF, 합판, PVC 필름 마감 등)에는 반드시 젯소를 먼저 도포하는 것이 좋다. 젯소 작업이 번거롭다고 해서 생략할 수도 있지만, 아무리 **'고부착 페인트'**를 사용해도 젯소를 바른 후 칠한 것만큼의 내구성과 완성도를 얻기 어렵다.

에어리스 기기　　　　　　　　　　에어리스 핸드건

인테리어 Tip 페인트를 기술자에게 의뢰해야 하는 이유

페인트 작업은 일반인도 접근하기 쉬운 분야로 여겨진다. 실제로도 많은 사람들이 "페인트는 누구나 할 수 있는 일"이라고 생각한다. 현장의 페이터들(도장기공)도 종종 "생각보다 일반인들이 우리 일을 쉽게 본다"고 놀라곤 한다.

물론 간단한 보수나 부분 도장은 일반인도 충분히 시도할 수 있는 영역이다. 하지만 페인트 작업 역시 고도의 기술과 숙련이 필요한 전문 분야임을 간과해서는 안 된다. 페인트의 종류, 희석 비율, 도포 횟수, 표면 처리, 건조 시간 등은 모두 경험에서 나오는 노하우이며, 이 부분이 제대로 맞지 않으면 색이 얼룩지거나 표면이 거칠고 마감 품질이 떨어지게 된다.

직접 시도해 본 사람이라면 알겠지만, 힘은 많이 들고, 옷과 주변은 쉽게 오염되며, 무엇보다 결과물이 생각만큼 깔끔하게 나오지 않는다. 또한 페인트에는 유기용제와 휘발성 물질이 포함되어 있어 호흡기 자극이나 두통을 유발할 수 있다. 나 역시 직접 페인트를 칠하다 보면 기관지나 폐에 통증이 느껴지는 경우가 있었다.

따라서 단순한 소품이나 가구 리폼 정도가 아니라 벽면, 천장 등 실내 전면 시공

> 이라면 전문 기공에게 의뢰하는 것이 가장 현명하다.
> 전문가는 작업 효율뿐 아니라 마감 품질과 건강 안전까지 함께 관리한다.

필름

필름 시공은 인테리어 업계에서 흔히 **'귀족 노가다'**라고 불리기도 한다. 그만큼 체력 소모가 적고, 결과물이 깔끔한 편에 속하기 때문이다. 물론 시공 자체는 여전히 손과 감각이 필요한 현장 일이지만, 다른 공정에 비해 먼지나 소음, 무거운 자재 운반이 적어 상대적으로 작업 환경이 쾌적하다.

최근 들어 필름 시공의 수요는 계속 증가하고 있다. 그 이유는 간단하다 — 손쉽게 마감 효과를 낼 수 있기 때문이다. 과거 인테리어 마감의 주류였던 무늬목 시공은 거의 자취를 감췄고, 심지어 페인트 마감 분야까지 일부 대체할 정도로 필름의 활용 범위가 넓어졌다.

특히 **목공에서 사용하는 MDF(중밀도 섬유판)**와의 궁합이 탁월하다. 필름은 MDF 표면에 잘 밀착되고, 가공 후에도 이음매가 거의 보이지 않아 마감이 매우 깔끔하다. 그래서 요즘은 **목수들조차 "필름 마감이 가장 완성도가 높다"**고 말할 정도다.

필름 물량 산출법

 필름 자재는 일반적으로 폭 1,200mm(1.2m) 규격으로 생산된다. 한 롤의 길이는 25미터 또는 50미터 단위로 포장되어 있으며, 시공 면적과 부위에 따라 필요한 롤 수를 계산한다. 주택 인테리어에서는 주로 문, 문틀, 붙박이장 등에 필름이 사용된다. 이때 문과 문틀은 양면으로 마감되므로, 문 한 세트를 기준으로 약 5~6미터 정도의 필름이 필요하다. 붙박이장이나 수납장은 가구의 폭과 높이를 더해 계산하면 대략적인 소요 길이를 산출할 수 있다. 예를 들어, 높이 2.2m × 폭 2.5m의 붙박이장이라면 2.2 + 2.5 = 약 4.7미터 정도가 한 세트 기준으로 잡힌다. 문 개수나 가구 면적에 따라 여유분 10~15%를 추가로 확보하는 것이 좋다.

샤시(창틀)는 구조상 전체 면을 덮지 않고 테두리만 시공하므로 필요 물량은 전체 면적의 약 1/3~1/2 수준으로 계산한다. 예를 들어 창문 전체 폭이 3미터라면, 필름은 약 1~1.5미터 정도만 잡으면 된다.

요약 정리

필름 규격: 폭 1.2m / 길이 25~50m

문 & 문틀: 한 세트 약 5~6m 소요

붙박이장: 폭 + 높이 = 필름 소요 길이 (여유분 10~15%)

샤시: 전체 면적의 1/3~1/2 수준으로 계산

필름 품수 계산법

필름 시공의 난이도와 품수(작업량)는 면의 형태와 구조 복잡도에 따라 크게 달라진다. 일반적으로 곡면이 많거나 접히는 면이 많은 부위일수록 품수가 많이 들어간다. 예를 들어 평판 형태의 문짝과 몰딩이 붙은 문짝을 비교하면, 몰딩이 있는 문은 필름을 굴곡에 맞춰 붙여야 하므로 당연히 작업 시간이 길고 손이 더 간다. 곡면 부위는 드라이기로 가열하여 필름을 말랑하게 만든 뒤 곡선 형태를 따라가며 전전히 붙이는 방식으로 시공한다. 이 과정에서 열 조절, 당김력, 접착 압력이 중요하기 때문에 숙련도가 요구된다.

샤시 시공의 난이도

샤시는 일반적으로 샤시틀을 분리한 뒤 필름을 붙이고 다시 조립하는 방식으로 작업한다. 그러나 샤시 자체가 무겁고 분리 과정이 쉽지 않기 때문에 이 작업이 생각보다 많은 품수를 차지한다. 만약 샤시가 창틀에 고정된 상태에서 바로 필름을 붙일 수 있다면 훨씬 수월하겠지만, 대부분의 현장에서는 틀 분리 → 필름 시공 → 재조립 과정을 거치게 된다. 이 때문에 샤시 필름 시공은 일반 도어보다 공수가 많고 시간이 오래 걸린다.

기공(技工)의 작업 속도 기준

필자의 경험으로 볼 때, 숙련된 필름 기공 1인 기준으로는 민자문(평판형 문)일 경우 문과 문틀 세트를 하루에 2개 이상 시공 가능하다. 만약 하루에 1세트 이하라면 손이 느리거나 숙련도가 낮은 편으로 볼 수 있다.

일반적인 30평대 아파트 전체 필름 시공 기준으로는 샤시가 2중창 구조인 경우, 문·문틀·붙박이장 등을 모두 포함해 약 10품 이상이 소요된다. 이는 숙련도, 구조 복잡도, 현장 접근성 등에 따라 다소 차이가 있을 수 있다.

핵심 요약
곡면·몰딩이 많을수록 품수 증가
드라이기 가열로 곡면 필름 부착
샤시 분리·재조립 과정이 시간 소모의 핵심
숙련 기공 1인 기준: 문+문틀 2세트/일
30평대 전체 시공: 약 10품 이상 (샤시 포함)

천정몰딩을 필름으로 붙이지 않는 이유

일반적으로 천장 몰딩은 마이너스 몰딩이나 크라운 몰딩처럼 홈이 파여 있거나 굴곡이 있는 형태가 많다. 이러한 몰딩 부위에 필름을 붙이려면 곡면과 홈 안쪽까지 필름을 밀착시켜야 하므로 작업 난이도가 높고 시간이 많이 소요된다. 또한 천장 몰딩은 대부분 높은 위치에 설치되어 있기 때문에, 시공자가 **사다리나 우마(작업대)**를 이용해 올라가서 작업해야 한다. 이로 인해 작업 속도가 떨어지고 품수(인건비)가 크게 증가하게 된다. 특히 몰딩의 세밀한 부분은 필름을 여러 번 재단하거나 열로 늘려가며 붙여야 하므로, 결과적으로 효율이 낮고 단가가 높아지는 작업이 된다.

대안: 뿜칠(에어리스 페인트) 시공

이런 경우에는 **필름 대신 뿜칠 페인트(에어리스 도장)**을 사용하는 것이 훨씬 효율적이다. 뿜칠 방식은 필름처럼 접착 과정을 거치지 않고, 페인트를 고르게 분사해 곡면과 홈 부분까지 균일하게 도장할 수 있다. 작업 속도도 빠르고, 재질 특성상 몰딩의 입체감과 선이 그대로 살아나는 장점이 있다.

비교적 간단한 필름부자재

인테리어 공정중에 가장 단순한 부자재를 가진 공정이 필름일듯하다. 필름자재는 스티커 형식으로 본드가 이미 발라져 있기는 하지만 부착력을 높이기 위해서 프라이머라는 인테리어필름용 본드를 사용한다. 물을 약간 타서 농도조절을 한다. 너무 많이 바르면 부착력이 너무 좋아 한번에 붙이지 못하면 떼어내기 힘들다. 프라이머를 바른 후 마른 다음 필름을 붙이는 것이다. 물론 자연건조가 제일 좋지만 일반적으로 공업용 드라이기나 토치등으로 가열하여 말리는 방식이 현장에서 주로 사용하는 방식이다. 수성과 유성이 있다. 프라이머 비용을 따로 청구하는 기공이 많은데 3만원 정도 청구한다. 그래서 나는 철물점에서 15,000원 짜리 한통을 사다가 기공이 올때마다 주고 있다. 물론 프라이머비용을 청구하지 않는 기공도 많다.

마루공사

마루공사에서 고객들이 가장 많이 하는 질문 중 하나는 "강마루, 온돌마루, 원목마루—이게 뭐가 다른가요?"이다. 실제로 현장에서 이 질문을 자주 받게 되며, 필자 역시 오늘도 고객에게 직접 샘플을 보여드리며 설명을 드렸다.

현재 **가장 많이 사용되는 마루는 '강마루'**다. 강마루는 표면이 플라스틱(PVC) 코팅층으로 마감되어 있으며, 스크래치와 오염에 강하고 유지관리가 용이해 가정용 아파트의 주류 자재로 자리 잡았다. 반면 **'원목마루'**는 표면이 천연 원목 그대로로 되어 있는 고급 자재다. 따뜻하고 자연스러운 질감이 장점이지만, 가격이 비싸고 습도에 민감해 환경 관리가 필요하다.

이 두 가지의 중간에 위치한 것이 **'온돌마루'**다. 온돌마루는 **얇게 슬라이스한 천연 원목(무늬목)**을 표면에 붙인 제품으로, 자연스러운 질감은 유지하면서도 가격은 원목마루보다 저렴하다. 예전에는 폭이 75mm인 제품이 주로 생산되어 '온돌마루' 하면 폭으로 구분했지만, 최근에는 더 넓은 규격의 제품도 출시되고 있다.

또한 "온돌"이라는 이름 때문에 돌(石)과 관련된 자재로 오해받기도 하여, 요즘은 **'천연마루'**라는 이름으로 불리기도 한다. 원목마루가 부담스럽다면, **무늬목을 코팅한 천연마루(온돌마루)**도 훌륭한 대안이 될 수 있다.

이외에도 **'강화마루'(Laminate Flooring)**라는 제품이 있다. 이는 상업공간이나 난방필름을 사용하는 공간에서 주로 사용되며, 하부에 부직포를 깔고 본드 없이 시공하는 방식이다. 과거에는 강마루용 본드의 유해성 논란으로 강화마루가 많이 사용되었으나, 최근에는 본드의 환경안전 기준이 강화되면서 강마루가 다시 시장의 주류로 자리잡았다.

항목	강마루	온돌마루(천연마루)	원목마루
특징	나무결을 프린팅한 플라스틱 재질의 마루로 가장많이 쓰인다. 마루중에 강도가 제일 쎄고 저렴한 편이다.	합판위에 0.2~0.3mm 무늬목을 붙여서 만드는 마루로 찍힘에 약하다.	마루중에 가장 미려하면서 자연친화적이다. 찍힘에 약하며 고가이다.

Q&A 마루 중에 습기나 물에 강한 마루가 무엇일까요?

마루는 합판(베이스층) 위에 천연목이나 무늬목, 또는 인조 마감재를 접착한 구조로 되어 있다. 시공 방식은 크게 **건식시공(Dry Type)**과 **습식시공(Wet Type)**으로 나뉜다. 건식시공은 본드나 시멘트몰탈을 사용하지 않고 바닥에 직접 접착하거나 띄워 시공하는 방식이며, 습식시공은 본드나 모르타르를 이용해 바닥에 밀착시키는 방법이다.

그러나 시공 방식과 상관없이 모든 마루는 습기에 약하다. 간혹 "강마루는 습기에 강하다"는 말을 듣고 오해하는 경우가 있지만, 강마루 또한 표면이 플라스틱(PVC) 코팅으로 보호되어 있을 뿐, 내부는 목재(합판) 구조이기 때문에 습기나 누수에는 취약하다.

즉, **모든 마루의 공통된 단점은 '물에 약하다'**는 점이다. 물청소보다는 마른 걸레나 미세한 분무청소로 관리하고, 장시간 습기에 노출되지 않도록 주의해야 한다.

마루공사 시공비에 대해

일반적으로 마루시공의 로스율은 10퍼센트인데 폭이 크고 길이가 길면 로스율이 높아진다. 고객분 들중에 마루 철거는 20평을 했는데 왜 마루시공은 22평이냐고 묻는 분들이 계신데 로스율 때문에 그렇다. 사선으로 붙이는 경우 로스율은 30퍼센트까지 높아지며 대표적으로 헤링본시공이 그렇다. 헤링본시공은 로스율도 높은데다가 시공이 까다로워서 일반마루보다 거의 1.5~1.8배 이상 비싸다. 시공비에는 걸레받이 시공비도 포함되어 있는 경우가 대부분이니 걸레받이 시공을 하지 않을 시에는 그 금액을 제외해 달라고 하면 된다.

걸레받이 높이는 가장 좋은 치수는 6cm 이다. 현장에서는 6전으로 불린다. 과거에는 8cm(8전)이 대부분 사용되었는데 현재는 6전이 가장 좋은 것같다. 그 외 3전, 4전도 쓰인다.

바닥 필름 난방

바닥에 **필름 난방(전기 열선)**을 깔고 그 위에 장판이나 강화마루 등의 마감재를 시공하는 방식에 대해 여러 의견이 있다. 특히 겨울철, 주택이나 상가에서 간단히 바닥 난방을 하려는 경우 "필름 난방은 과연 괜찮을까?"라는 질문을 자주 받는다.

지금까지 여러 현장에서 필름 난방을 시공해 본 결과, 전반적인 만족도는 높은 편이었다. 설치 후 고장이나 문제로 전화를 받은 적도 거의 없을 정도로 겉보기와 달리 내구성이 상당히 안정적이었다. 인터넷 등에서 "필름 난방은 내구성이 약하다"는 이야기를 본 적도 있지만, 실제 현장 경험상 그리 취약하지는 않은 것으로 판단된다.

다만 단점이라면 전기요금 부담을 들 수 있다. 전기료가 '많이 나온다'는 이야기도 있지만, 실제 사용 사례로 보면 생각보다 큰 폭의 요금 상승은 아니다. 결국 공간의 크기, 단열 상태, 사용 시간 등에 따라 효율이 달라지므로 용도에 맞게 적절히 활용하면 충분히 만족스러운 난방 방식이라 할 수 있다.

빡곰실장일기
리무진 타는법

간단한 방법으로 리무진을 타는 법이 있어요. 한시간 투자하면 본인차를 리무진으로 만들어 드립니다.

실장님.. 그 방법이 뭔지요? 믿어도 되나요? 정말 한시간에?

라보를 한시간 타보신 후 본인차를 타보세요!

본인차가 리무진 이상의 차였다는것을 아실겁니다.

도배

도배는 크게 **합지(종이벽지)**와 **실크(합성수지 코팅벽지)**로 나뉜다. 합지는 다시 소폭합지와 장폭합지로 구분되는데, 이는 단지 **도배지의 폭(넓이)**이 다를 뿐이다.

합지벽지는 종이만으로 구성된 벽지로, 통기성이 좋고 가격이 저렴하다. 반면 실크벽지는 종이 위에 얇은 PVC(합성수지) 코팅층이 입혀진 제품으로, 표면이 매끈하고 오염에 강하며 청소가 용이하다. 일부에서는 PVC 코팅이 인체에 유해하다는 의견도 있지만, 명확히 검증된 사실은 아니다.
간단히 정리하자면 세를 놓는 집은 합지로, 직접 거주하는 집은 실크로 시공한다고 생각하면 이해하기 쉽다.

당연히 실크벽지가 자재비와 시공비 모두 비싸다. 그 이유는 시공 방식의 차이 때문이다. 합지벽지는 겹침 시공이지만, 실크벽지는 **맞댐 시공(이음매를 정밀하게 맞추는 방식)**을 사용한다. 따라서 합지는 벽지 경계에 '미미선'이라 불리는 가는 선이 남지만, 실크벽지는 이음매가 거의 보이지 않는다.

실크도배는 숙련된 기술이 필요하다. 경험 많은 도배사라도 최소 6년 이상 경력 중 약 10% 정도만 실크 시공이 가능하다고 할 만큼 맞댐 시공은 섬세함을 요구한다. 풀에 젖은 벽지를 살짝 울리게 붙여야 하고, 마르면서 종이가 펴지는 특성을 감으로 조절해야 좋은 결과물이 나온다. 이 때문에 실크도배는 높은 숙련도와 감각이 필요한 고난도 작업으로 평가된다.

실크벽지의 장점은 내구성이 높고 표면이 코팅되어 있어 물걸레로 오염을 닦아도 손상이 없다는 점이다. 반면 합지벽지는 종이 재질이라 오염에 약하고 쉽게 찢어질 수 있다. 그래서 전월세용 주택은 합지, 자가 거주용 주택은 실크를 선택하는 것이 일반적이다.

마지막으로 도배에는 **천정지(천장 전용 벽지)**가 따로 있다. 천정에는 반드시 천정지를 사용해야 하며, 이는 예외 없는 도배의 기본 원칙이다.

항목	실크도배	합지도배
장점	오염에 강하며 내구성이 뛰어나다	가격이 저렴하며 시공성이 좋다 자연친화적인 종이재질이다
단점	가격이 비싸며 시공이 까다롭다	도배지와 도배지가 만나는 부분에 미미선이라는 이음선이 생긴다. 오염에 약하다.

도배지의 크기에 따른 분류

도배지는 실크벽지 폭 106cm, 합지중에 소폭은 53cm, 합지광폭은 93cm이다. 당연히 소폭합지가 가장 저렴하고 시공도 간편하다 최대 단점으로 미미선이라는 이음선이 많이 보인다.

비교적 간단한 도배부자재

도배에 필요한 부자재는 비교적 단순하다. 수성본드: 모서리나 마감부를 붙일 때 사용한다.
도배용 풀: 벽지 부착의 기본 접착제이다.
부직포(또는 아이택스): 실크벽지 시공 시 1차로 벽면에 붙이는 중간층 역할을 한다. 네바리: 이음새나 요철이 있는 부분을 띄움 시공할 때 사용하는 보조자재다.

도배사의 작업 방식이나 현장 상태에 따라 부자재 소요량이 달라진다. 보통 도배 평당 2,000~4,000원 정도가 부자재 비용으로 청구된다. 벽면 상태가 좋지 않을수록 부자재 사용량이 많아진다.

도배지 물량 산출방법

도배지는 실크벽지가 가로폭이 106센티미터이므로 단순히 1미터 폭으로 계산한다. 시공될 곳의 벽둘레만 안다면 간단하다. 벽둘레 x 벽높이 한후 벽지 한롤이 15미터정도 됨으로 15로 나누어 주면 소요되는 롤의 개수가 나온다. 천정은 일반적으로 5평에 한롤로 잡으면 된다. 물론 로스율을 감안하여 10~20퍼센트를 더 산출한다.

계산하기 복잡하다면 일반적으로 방하나의 벽은 2롤이상, 거실부엌벽은 6롤 이상으로 계산한다면 부족하지 않을 것이다. 32평아파트의 경우 천정은 7~8롤, 벽은 12~14롤 정도를 기준으로 잡아도 된다. 부족하면 곤란하지만 남으면 반품하면 된다. 혹시 세대가 확장이 되어 있다면 도배지는 더 들어감으로 몇롤을 더 준비하자. 도배 부자재로는 도배본드, 네바리, 싱, 아이택스, 부직포 등이 있는데 도배사에 따라 도배평수당 2000~4000원을 부자재비용으로 청구한다. 현장상황이 안 좋을수록 부자재가 많이 소요된다.

도배물량산출시 유의점

일반적으로 도배 물량은 벽과 천정 면적이지만 무늬 벽지인 경우 무늬를 맞추어야 하기에 물량이 30퍼센트 더 들어가게 된다. 시공인건비 또한 천정고가 높다던가 우물천정이 많다든가 오피스텔이나 주상복합처럼 감지기, 환풍기등이 많은 경우 도배지를 따내는 부분이 많기에 시간이 많이 소요되게 된다. 단순 네이버에 나오는 아파트나 오피스텔 평면도를 보고 물량을 산출하다가 낭패를 보는 경우가 발생한다.

도배시 체크 포인트

도배지는 다른 자재와 닿는 부분이 있다면 단차가 살짝 있어야 그 부분에 헤라 같은 자를 대고 도배사가 노배시를 재단하기 편리한데 도배지가 다른 자재와 닿는 부분이 서로 단차가 없이 평행하다면 대고 자를면이 없어서 시공이 조금 어렵게 된다. 그래서 사전에 도배면과 닿는 부분에 평몰딩 같은 것을 경계에 시공하여 주면 시공이 깔끔하게 된다.

도배시 문제되는 사항들

도배시 전등과 시스템 붙박이장의 해체&재설치는 논란의 대상이다. 도배사에게 전등을 때고 도배후 재설치하는 것은 아직 논란의 대상인듯 해보인다. 도배자체도 어려운 일인데 기존에 달려있는 등을 띠어 내고 도배후 다시 설치하는 것은 도배사의 체력소모를 더 하게 해서 도배시공 퀄러티에 악영향을 줄 수 있다. 일급도배사의 경우 등이 달려있는 현장에는 안온다는 도배사도 있다. 도배사는 도배자체에만 전념하여야 한다는 것이다.

나는 일급도배사를 활용하여 도배를 하고 있다. 도배는 주택인테리어에서 가장 중요한 마감이며 실크도배일 경우 가장 많은 하자율을 보이기 때문에 최고 수준의 도배사를 사용하지 않고서는 주택인테리어를 해 나가기가 어렵다. 그런 바탕에서 일급 도배사들의 수도 적은데 실장이 현장을 도배사가 편하게 만들어 놓지 않는 그런 곳에는 일급도배사는 거래를 끊는 경우가 대부분이다.

인테리어 실장 또는 인테리어 주최자는 공정별로 기공에게 자신의 공정에만 전념하게 하는 것이 퀄러티를 높이는 핵심포인트 중에 하나이다.

조명등은 그래도 도배와 오래된 논란거리로 그래도 도배사들 대부분 수용하는 모습을 보이지만 시스템 붙박이장의 경우는 그렇지 않다. 시스템 붙박이장은 철거를 해주어야만 도배할 수 있다는 도배사들이 대부분이다. 도배전에 시스템 붙박이장 철거는 15~20만원이고 물량이 많으면 비용은 늘어난다. 다시 도배후에 시스템 붙박이장 재설치는 다시 그만큼 비용이 들어간다. 사전에 도배사에게 10만원정도 더 지불할 테니 할 것이냐고 물어보는 것도 센스이다.

그것도 싫고 저것도 싫으면 본인이 직접하는 것이 제일 좋다. 사실 크게 어렵지 않은 것이 시스템 붙박이장 재설치이다. 해체 전에 사진을 찍어두고 사전에 폴대위치같은 것을 연필로 천정몰딩에 체크를 해두는 것도 한 방법이다.

도배사들과 얼굴을 붉히는 일이 없이 원활한 인테리어 시공을 하기 위해서 현장을 잘 살펴보아야 한다.

인테리어 Tip **도배지 고르는 하나의 팁**

색상이 짙은 도배지는 시공 시 풀이 배어나와 하얗게 변하는 현상이 생길 수 있다. 풀은 기본적으로 흰색이기 때문에, 도배지가 어두운 색일수록 이 하얀 자국이 더 눈에 잘 띈다. 한때 인테리어 카페나 SNS에서 짙은 색 도배지가 유행했는데, 시공 후 풀이 배어나와 벽면이 하얗게 변한 사례가 여러 후기로 공유되었다. 그 덕분에 이제는 많은 사람들이 이 문제를 미리 인지하고 있다. 이 현상은 도배 특성상 어느 정도 불가피한 부분이다. 도배사는 도배지를 부착하기 위해 반드시 풀이 칠해진 면을 다루어야 하고, 작업 과정에서 모서리나 이음부 등에서 풀이 약간씩 배어나오는 일이 생긴다. 아무리 노련한 도배사라도 완벽히 막기는 어렵다.

> 다만 시공 전 미리 주의하고, 시공 중에 즉시 닦아내는 관리를 잘하면 하얗게 번지는 현상을 상당히 줄일 수 있다. 특히 진한 색상의 벽지를 사용할 경우에는 풀의 양을 최소화하고, 이음부를 수건이나 스펀지로 즉시 닦아내며, 시공 후 건조 전까지 재점검하는 것이 좋다. 이렇게만 주의해도 어두운 색 벽지를 훨씬 깔끔하게 유지할 수 있다.

도배사가 많이 모여 있는 현장에 만약 어느 방이 어두운 색상 도배지를 지정이 되어있다면 아무도 그 방 도배를 자신이 한다고 하는 도배사는 없을 것이다.

또 한편으로 최근 페인트 벽지가 유행하고 있는데 이 또한 도배하기가 까다롭다. 일반적으로 도배지는 엠보싱이 되어있어서 도배지와 도배지가 붙는 경계면이 드러나지 않게 롤러질을 할 때 엠보싱은 유용하다. 하지만 페인트 벽지들은 엠보싱이 없고 옆면이 너무 밋밋하여 경계면을 안보이게 하기가 어렵기 때문에 많은 롤러질을 하게된다. 이것이 시간이 필요하다. 그리고 바탕을 너무 많이 읽어서 섬세한 시공이 필요해서 1.2~1.5배 더 힘들다고 한다.

최근 어느 도배사가 페인트 벽지 시공에서 시공비를 더블을 달라고 했다는 말을 들은적 있는데 나로서는 이해할 수 있는 말이다.

Q&A 천정 구멍 뚫린것을 도배가 막을 수 있다?

> 천정에 전등 구멍등 구멍이 뚫렸는데 이것을 목공이 아닌 도배로 막을 수 있다는 것이 맞는 말인지라는 질문을 고객분에게 최근 받았다 이것은 맞는 말이다
>
> 단 지름이 10cm 안팎의 것에 국한된다. 더 큰 구멍은 목공으로 막아야 되며 구멍난 부분의 천정이 벽과 거의 붙어있는 부분은 작은 구멍이라도 목공으로 막는게 좋다.

Q&A 도배시공은 모두 1차도배와 2차도배가 있나요?

일반적으로 면이 고르지 못하면 아이텍스나 부직포를 치는 1차 도배후 본격적으로 2차도배를 한다. 합지도배는 1차도배를 생략하는 경우도 많다. 합지도배는 종이로 되어 있으므로 합지도배한 것 위에 도배가 가능하지만 실크도배는 PVC 코팅이 표면에 되어 있어서 그 위에 도배가 불가능하다. 반드시 기존 도배지를 뜯어내고 시공해야 한다.

Q&A 전세집인데 도배비용을 절약하는 방법이 있을까요?

단순히 가장 저렴한 소폭 합지 시공이 가장 저렴하겠지만 이런 경우 벽만 도배를 하는 것을 추천한다. 일반적으로 천정은 오염이 벽보다 덜 되는 편이기에 전세집이나 월세집 도배는 벽만 하여도 새것처럼 된다. 현실적으로 싼 도배는 사실 벽도배만 하는 것이다.

Q&A 천정지라는 것이 있는데 천정은 천정지로 꼭 해야하나요?

도배지 중에 천정지가 있다. 천정에 바르기 때문에 천정지이다. 반드시 천정에는 천정지로 하는 것이 좋다. 시공성이 좋으며 집 전체가 넓어 보이는 효과를 준다. 천정지로 벽까지 하는 경우도 있는데 그 또한 추천할 수 있는 사양이다.

Q&A 페인트 벽지는 시공비가 더 나오나요?

페인트 벽지는 벽지와 벽지의 조인트 부분의 접합성이 좋지 않아서 시공성이 좋지 않다. 그래서 32평 기준으로 기공을 한명정도 더 투입하는 것이 좋다. 조인트 부분의 접합을 깔끔하게 하기 위해서 많은 시간이 소요된다. 그렇게 더 노력이 필요하지만 노력했는데도 잘 안 나오는 경우도 있어서 페인트 벽지라고 하면 모두 긴장하게 된다.

싱크대

주방은 일정한 시설을 갖추어 놓고 음식을 만들거나 식사를 준비하는 것이 주요역할이지만 이에 필요로 하는 기물들을 보관 관리하는 역할도 중요한 다목적의 공간이다. 어찌 보면 주거 또는 식음 공간에서 가장 많은 기능과 복잡한 동선 체계를 갖고 있는 곳이 바로 주방이다. 또 수평의 바닥은 물론 천장까지 이르는 수직의 벽면까지 어느 한구석도 비워 놓지 않고 최대한 활용하는 공간이기도 하다. 하기에 주방에서의 치수 계획은 1mm를 놓고도 심혈을 기울여 디자인하게 된다. 즉 모든 공간 중 가장 치수적으로 디테일한 공간이다.

주방은 라이프스타일의 총체적 변화를 수용해야 하는 공간이다. 요즘은 가족 구성원들이 다 같이 모여 TV를 시청하는 모습을 찾기 어렵게 되었다. 1인가구와 배달문화가 보편화되고 밀키트 같은 즉석 식품이 대중화되었다. 식음료 문화의 변혁은 더욱이 코로나등 위생에 관련된 보건위생에 대한 디자인의 변화 또한 요구하고 있다.

주방 하나만으로도 설계가 한달 이상 걸릴 정도이며 하나의 토탈인테리어임으로 필자는 한샘이나 리바트에 의뢰하거나 사제 싱크대 공장을 활용하고 있다. 한샘이나 리바트등 브랜드등은 인테리어 업체 사장에게 10퍼센트 할인된 금액으로 공급하고 있는데 나는 그것을 그냥 소비자들에게 드리고 있다. 어차피 따로 대리점 가서 하실 것 같아서 그냥 나의 수수료를 받지 않고 진행하고 있다. 그러니 한샘, 리바트등에서 금전적인 것보다 다른 서비스를 제공하고 있으며 고객들도 원하는 싱크대를 저렴한 가격에 구입하여 좋고 윈윈이다.

현대의 가족생활에서 유일하게 가족 구성원이 함께할 가능성이 가장 높은 유일한 장소는 주방이 되었다. 그래서 인지 요즘은 거실 소파를 치우고 거실 공간을 6인용 식탁으로 구성하고 식사와 대화를 하는 공간으로 바꾸는 집이 생겨나기 시작했다. 음식을 먹는 기능적인 공간에서 함께 하는 이들과 소통하고 마음을 나눌 수 있는 감성적인 공간으로서의 역할도 더 없이 중요한 곳이 주방이라 하겠다.

브랜드 싱크대 VS 사제 싱크대

싱크대가 아파트 인테리어에 차지하는 비중은 매우 크다고 할 수 있는데 싱크대를 생각할 때 처음은 브랜드 싱크대로 할 것이냐? 사제 싱크대로 할 것이냐? 당연히 브랜드 한샘이나 리바트 싱크대는 가격이 사제싱크대에 비해 비싸다. 단순히 브랜드이기 때문에 비싼 것이 아니라 품질이 좋다. 물론 가성비는 사제싱크대가 뛰어나며 규격에 맞지 않은 비규격 사이즈도 비교적 자유로운 장점이 있다.

브랜드 싱크대와 사제 싱크대를 선택하는 기준은 무엇일까? 그건 가성비를 좋아하는 분은 사제, 그래도 품질을 우선시 한다면 브랜드 싱크대라고 말하고 싶다. 분명 사제 싱크대의 품질은 브랜드 싱크대에 비해 객관적으로 떨어진다. 하지만 브랜드 싱크대에 비해 200~300만원 정도 저렴하다면 그 착한 가격에 의해 많은 부분이 용납될 수 있다. 성향에 맞는 싱크대를 선택하는 것이 중요하다. 브랜드 제품은 품질관리와 AS팀이 잘되어 있다. 반면 단점으로 가격이 비싸고 비규격 사이즈를 만들기 어렵다.

나에게 브랜드 싱크대를 할 것인가? 사제싱크대를 할 것인가를 묻는다면 당연히 사제 싱크대를 고를 것이다. 왜냐하면 난 가성비를 중요시 여기기 때문이다. 그리고 사제싱크대도 사제싱크대 나름이다. 잘하는 사제업체를 선택한다면 만족도를 높일 수 있다. 사제싱크대회사는 참 많다. 그동안 사제싱크대 회사와 거래하면서 느낀 점은 싱크대회사의 실력이 차이가 많다는 것이다. 여러 사제 회사를 비교하면서 고를 수 있는 안목이 필요하다. 어떤 맞춤 싱크대의 경우에는 브랜드 싱크대와 가격이 비슷하거나 비싼 경우도 있으니 잘 비교해야 한다.

인터넷에 사제 싱크대 회사도 많이 있고 동네에 싱크대 가게도 많이 있을 것이다. 인터넷이라면 사용후기를 참조하고 동네 싱크대회사라면 입소문이나 지역카페에서 정보를 모아 보면 본인에 맞는 사제싱크대회사를 고를 수 있다. 동네 사제싱크대회사도 지역특성상 양심적이고 잘하는 사장님이 있을 수 있고 인터넷에도 잘하는 회사가 있을 수 있다.

최근 거래처인 싱크대회사 사장님과 브랜드 싱크대와 차이점을 직접 물어 보았다. 그 분 말씀으로는 일반적으로 소비자들은 브랜드를 선호하는 것은 당연하다는 것이다. 같은 품질의 싱크대가 있는데 브랜드는 500만원 사제는 400만원이라도 브랜드를 구매하는 소비자가 많다는 것이다. 그래서 사제는 400만원이 아니라 300만원으로 가격을 떨어 트려야 하는데 그런 가격으로 만들기 힘들다고 한다. 최근 거래처중의 하나인 붙박이장 업체가 싱크대시장에 뛰어들었다가 하자보수가 많은 것을 보고 두손 들고 철수한 것을 보니 정말 싱크대 분야가 힘든 분야인 것 같다.

수입 주방 브랜드 소개

 솔직히 말하기 부끄러운 이야기인데 우리나라는 선진국에 진입했다고 할 정도로 우수한 산업기술을 가진 나라다 하지만 우리나라 주방가구 기술은 외국제품을 보고 있으면 많이 부족하다고 느낀다. 같은 가격의 외국제품과 국내 고가제품을 보아도 외국제품이 더 나아보이니 만약 고가 국내 싱크대를 구입하려는 여력이 된다면 수입주방 브랜드로 눈을 돌려보자. 논현동 사거리 부근의 수입 주방 브랜드가 많이 있는데 방문해 보면 국내제품과 가격은 동일한데 퀄리티가 더 높은 것을 알 수 있다. 그런데 하나 염두해 둘 것은 유럽 이탈리아나 독일제품은 주방주문후 제품이 만들어 져서 국내에 선박을 통해 오기에 경우에 따라 2달이상이 걸릴 수 있으니 사전에 알아보아야 하는 것이 필수이다. 수입사 별로 이런 경우가 많아서 본제품이 도착할 동안 간이 싱크대를 제공하는 경우도 있긴 하다. 어떤 세대는 싱크대 없이 몇 달을 보내는 세대도 있다.

 처음 청담동에 있는 이탈리아 보피를 보고 이런 세계가 있구나 하는 것을 처음 알았다. 명품이란 이런 것일까? 싱크대 하나가 1억이 넘으니 상위 1퍼센트들의 생활을 엿볼 수 있었다. 유명한 싱크대 브랜드는 너무 많아서 다 소개하기는 벅차거니와 나도 많이 알지 못한다. 내가 아는 차원에서만 몇가지 브랜드를 소개할 것이고 자신에 맞는 이보다 더 좋은 브랜드들도 많을 것이다. 논현동 사거리에 수입 주방브랜드들이 많이 포진하고 있으니 오프라인 매장에 가서 직접 경험해 보는 것도 좋다. 단 몇 개 브랜드는 쇼룸 구경도 예약을 하고 가지 않으면 볼 수 없으니 매장 방문 전 예약을 꼭 하자.

몇 년전에 논현동 수입 싱크대 매장을 보고 우리나라 1위 업체 쇼룸을 방문했을 때 가격은 같은데 품질이 더 낮아 보이는 것을 보고 참 이상한 생각이 들었다. 그 후로 수입 싱크대 뿐만 아니라 국내브랜드도 넵스나 미션같은 고급 브랜드가 있는 것을 알게 되었는데 정말 그 숫자가 엄청나다.

Arrital(www.arrital.com)아리탈

AK시리즈로 유명하다. 유명요리사와 같이 콜라보로 진행된 제품도 있고 유명 디자이너와 진행된 제품도 있다. 고성능과 실용성에 대한 요구에 맞춰 설계되고 개발되었으며 아리탈 디자인의 깔끔한 선과 모듈에 우아함을 자아낸다. 다양한 자재와 재질과 컬러를 사용하고 있다.

아리탈 홈페이지

Falper(falper.it)팔퍼

역시 이탈리아 브랜드인데 여러 가지 인테리어 용품을 만든다. 아일랜드 스토리지 유닛은 함께 어우러져, 믿기 어려울 만큼 작은 면적에 완벽한 고급 주방 환경을 연출한다. 대리석과 월넛 원목유광 래커, 무광래커등으로 제작이 된다고 한다.

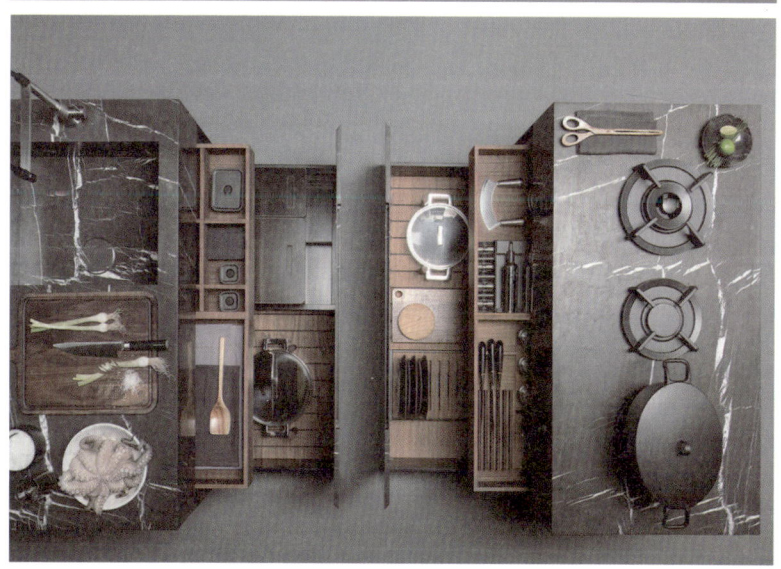

ernestomeda (www. ernestomeda.com) 에르네스토메다

2019년 국내에 첫 선을 보인 에르네스토메다는 이탈리아 장인 정신을 바탕으로 유니크하면서도 섬세한 감성으로 이탈리아에서 제작 후 국내 기술팀에서 시공하는 100% 고객 맞춤 형태의 하이엔드 주방가구이다. 논현동에 매장이 있으니 한번 방문해 보는 것도 추천한다.

laurameroni(www. aurameroni.com) 로라메로니

다양한 가구와 싱크대 인테리어 소품을 만들어 판매하는 프리미엄 브랜드이다. 벨라지오라는 싱크대를 가지고 있는데 다양한 소재와 마감재뿐 아니라 부품과 액세서리등 주문 제작 가능한 모듈식 솔류션으로 각각의 요구를 모두 충족하기 위해 완전히 맞춤식으로 구성된 공간을 제공한다.

외국 브랜드에 대해 더 서술하려다가 이만하기로 했다. 수가 너무 많기도 하고 이 책은 셀프 인테리어 관련 책이기 때문이다. 너무 유명한 보피나 불탑 같은 주방가구와 블랑코, 엘레시등 주방기구등 너무 유명한 제품이 너무나 많지만 생략한다. 국내에도 이런 수준 높은 가구와 싱크대 브랜드가 나오길 기대해 본다.

국내 싱크대 관련 업체중 백조 싱크대는 추천하고 싶다.

백조 싱크(www.baekjosink.com)

주식회사 백조씽크는 1964년 창립 이래 최고품질의 제품과 고객만족을 향한 꾸준한 노력으로 대한민국 최대의 스테인리스 스틸 씽크볼 생산업체로 성장하였다. 혁신적인 제조기술과 경비를 위한 연구와 개발을 통해 자동화된 생산설비를 갖추었으며 안정화된 생산 및 공급망의 강화로 국내 스테인리스스틸 씽크볼의 마켓리더 자리를 지키고 있다. 동시에 에이펠, 엘레시, 블랑코등 해외 브랜드 수입도 병행하고 있다. 최근에 법랑 제품을 추가하여 시장에 주목을 받고 있다.

싱크대 설계시 주의할 점

싱크대 설계시 주의할 점이 몇가지 있어서 집고 넘어가야겠다.

01 냉장고장의 도어 개폐 여부: 냉장고장의 위치에 따른 것인데 냉장고장이 벽에 붙거나 옆의 장에 간섭에 의해 냉장고 문의 개폐여부를 꼭 확인해야 한다. 냉장고장이 옆에 너무 붙어있거나 하면 냉장고 문이 열리지 않는다. 그러면 다시 장을 제작해야 하는데 그것은 큰 낭비로 간혹 베테랑도 실수하는 부분이다. 몇 달전 한샘직원 실수로 냉장고 문이 안열리게 설계를 해서 납품했다가 몇백만원을 물어 주었다는 이야기를 들었다.

02 상부장의 문이 열릴 때 앞에 조명등이 간섭하는 여부확인: 조명등이 튀어나온 등일 경우 싱크대 상부장이 열릴 때 조명에 닿아서 안 열릴 수 있으니 꼭 체크해야 한다.

03 오븐, 식기세척기등 빌트인 가전사이즈 확인: 오븐, 식기세척기등등 기기의 사이즈에 맞는 싱크대설치가 필요함과 동시에 기기가 설치될 때 사이즈 체크가 꼭 필요하다. 설치사이즈라는 것은 싱크대에 기기를 넣을 때 필요한 치수 그리고 셋팅시 필요치수 2개 다 체크해야 한다. 가스조리대는 벽에서 반드시 15cm 이상 떨어진 곳에 설치되어야 한다.

Q&A 싱크대 관련 질문

도배를 먼저하고 싱크대를 설치해야 하나요? 싱크대를 설치 후 도배를 해야 하나요? 라는 질문을 받는 경우가 있다. 도배를 먼저 시공하나 싱크대를 먼저 설치하나 장단점이 있다. 싱크대를 설치 후 도배를 하는 경우도 못하는 것이 아니지만 싱크대가 먼저 설치되면 도배시 천정과 벽면등 도배지를 짤라가면서 마감치는 곳이 어려울수 있으므로 가급적 도배후 싱크대 설치를 권유하는 편이다. 그런데 반대로 싱크대가 먼저 설치되면 또 장점이 있다. 싱크대집기면에 도배가 닿으면서 올라타게 되어 마감이 더 좋을 수도 있다. 도배면과 닿는 싱크대면이 상부장이 될지 하부장이 될지 그 부분 처리를 생각하면서 판단하면 되는데 일반적으로 싱크대는 공장제작기간이 많이 소요되어 일반적으로 공사후반부에 설치된다. 그래서 하고 싶어도 도배후에 시공되는 것이 일반적이다. 그러나 싱크대가 먼저 시공될 때 장점도 분명있으므로 절대적으로 도배 먼저 시공되어야 한다는 법은 없다. 또 하나 장점은 싱크대 시공중 도배가 안 되어 있으므로 도배지가 손상될 일이 없다. 일반적으로 도배가 잘되어 있는데 싱크대를 설치하거나 운반하면서 도배지를 손상하는 경우가 종종 발생하는데 그런 일이 일어나지 않으니 좋다. 싱크대가 먼저 제작이 될 수 있다면 도배전에 시공하는 것도 추천한다.

조명 설치공사

도배가 끝난후 조명설치 공사를 하게 된다. 주의해서 볼 것은 사각등일 경우 방의 벽과 천정과 같이 정렬되어 있는지 체크하고 전기공사 기사가 깜빡하고 설치하지 못한 스위치나 콘센트가 있는지 본다. 조명등 밖으로 전선이 튀어 나온 것이 있는지 조명등 밖으로 빛이 새어 나오는 것이 있는지 체크한다.

> **인테리어 Tip 조명등을 교체할 때 감지기교체도 같이 하자.**
>
> 인테리어조명등을 설치할 때 천정에 달린 감지기등도 새로 교체하는 것을 고려해 보자. 세월이 흘러 누렇게 변한 정온식, 차동식, 가스 감지기등을 교체하는 것이 좋다. 감지기를 교체할 때는 미리 관리 사무소에 연락을 하는 것이 좋다. 일부 네트워크가 잘되어 있는 아파트는 감지기를 떼어낼 때 화재경보기가 발동할 수 있기 때문이다.

전기공사를 할 때 감지기나 환풍팬등도 교체하는 것이 좋다. 누렇게 황변이 온 기물들을 교체하면 마치 새 집이 된 것 같다.

누렇게 황변이 오고 오래된 감지기들

교체 후 모습

조명등의 색상에 따른 분류

조명등에는 일반적으로 **하얀색 계열(주광색)**과 **노란색 계열(전구색)**이 있다. 이 빛의 색상 차이를 **'색온도(Color Temperature)'**라고 하며, 단위는 **켈빈(K, Kelvin)**을 사용한다.

색온도는 조명 계획에서 **조도(밝기)**와 함께 공간의 분위기와 시각적 편안함을 결정짓는 핵심 요소다. 앞서 조명 설계에서 언급했듯이, 조명의 밝기만큼이나 설치 시 색온도의 선택 역시 중요하다.

예를 들어,

낮은 색온도(약 2700~3500K)는 따뜻하고 아늑한 분위기를 연출하며, **높은 색온도(약 5000~6500K)**는 밝고 선명한 느낌을 준다. 따라서 조명 계획 시에는 공간의 용도와 분위기, 사용 목적을 고려하여 적절한 색온도를 선택해야 한다.

> **Q&A** 스위치 중에서 삼로스위치는 무엇일까?
>
> 조명설치 후 가장 많이 질문되는 것 중 하나가 삼로 스위치일것 같다. 예를 들어 현관에서 복도등을 키고 들어와 거실에서도 끌 수 있도록 하고 반대로 거실에서 키고 현관에서 끌 수 있도록 만든 스위치이기에 2군데에서 조절이 가능하다. 그러기에 한쪽은 오른쪽 방향이 끄는 방향, 그리고 다른 쪽은 그 반대방향이 끄는 방향이 되어 그때그때 스위치의 온오프 방향이 바뀌는데 그것을 고장이라고 생각되는 경우이다.

유리 공사

유리는 평수 계산하는 것이 다른 공정과 다르다. 유리 한평은 30cmx30cm를 가리킨다. 그래서 우리가 생각하는 평의 개념과 다른 개념이다. 일반적으로 유리 한평은 5000원이다. 일반 맑은 유리인 경우 문짝하나 정도면 시공포함해서 10~15만원이라고 보면 된다.

그 외 색상이 들어간 유리라든가 최근 인기있는 세로줄무늬 유리의 모루유리, 아쿠아유리등이 있다

모루 유리   아쿠아 유리

망입 유리   다이야 유리

창호공사

아파트 인테리어에서 가장 큰 비용 비중을 차지하는 공사 중 하나가 창호공사, 즉 샤시공사이다. 시중에는 다양한 브랜드와 제품이 있으며, 자재 사양과 시공자의 기술력에 따라 비용 차이가 매우 크다.

창호는 구조적으로 **단창(一重窓)**과 **이중창(二重窓)**으로 나뉜다. 일반적으로 내부용 창은 22mm, 외부용 창은 24~26mm 두께의 제품이 많이 사용된다. 제품의 품질도 중요하지만, 시공자의 숙련도에 따라 완성도의 차이가 크게 나타난다. 따라서 창호공사는 믿을 수 있는 시공업자를 찾을 때까지 여러 업체를 만나 견적을 받아보는 과정이 반드시 필요하다.

여러 곳에서 현장 방문 견적을 받아보면 적정 가격대를 파악할 수 있다. 이때 특히 주의할 점은 이중창 중 '발코니 전용창'은 일반창보다 10~20% 정도 가격이 높다는 점이다. 따라서 견적 시 반드시 전용창 여부를 확인해야 한다.

또한 설치 시 스카이차나 사다리차의 진입 가능 여부, 혹은 엘리베이터를 통해 반입 가능한 창의 크기 등에 따라 추가 비용이 발생할 수 있으므로 현장 접근성을 미리 확인해야 한다.

창호공사는 인테리어 공정 중 가장 초기 단계에 진행되는 작업이다. 창호는 제작 기간이 약 3~7일 정도 소요되므로, 전체 공사 시작 전에 미리 발주를 넣어 제작에 들어가는 것이 좋다. 공정 순서상 창호가 늦어지면 전체 일정이 지연될 수 있기 때문이다.

무엇보다 창호공사는 견적 비교가 필수다. 제품의 브랜드, 프레임 두께, 유리 종류(단열유리, 로이유리 등), 그리고 하드웨어 품질 등을 꼼꼼히 비교하면서 최소 3군데 이상 견적을 받아 보는 것이 바람직하다.

실리콘 코킹공사

현대 인테리어에서 실리콘은 없어서는 안 될 마감 자재다. 인테리어 업계에서는 "실리콘이 없었다면 마감이 불가능했을 것이다"라고 할 정도로 그 중요성을 인정한다. 누가 처음 발명했는지는 모르지만, 실리콘 덕분에 마감이 깔끔해지는 부분이 많다.

실제 인테리어 현장에서는 작은 틈새나 벌어진 면, 혹은 마감이 고르게 떨어지지 않는 부위가 생기기 마련이다. 이런 때 **실리콘 코킹(Silicone Caulking)**을 적절히 시공하면 마감이 한결 깔끔해진다. 특히 화장실 문틀 주변, 걸레받이 위, 천장 몰딩 틈 등에는 반드시 코킹이 필요하다. 다만, 실리콘 작업은 생각보다 쉽지 않아 비숙련자가 깔끔하게 쏘기 어려운 작업이다. 따라서 복잡한 부분은 전문가에게 맡기고, 단순한 틈새 정도는 직접 시도해 보는 것이 좋다.

요즘은 유튜브 등에서도 "실리콘 잘 쏘는 법" 강좌가 많이 올라와 있으니, 한두

번 시청한 뒤 직접 연습해 보면 감을 익힐 수 있다. 필자 역시 전문 코킹기사에게 의뢰하지만,
작은 부분이 누락된 경우에는 직접 보완 코킹을 하기도 한다.

실리콘의 종류와 특징

실리콘은 크게 **비초산형(Neutral), 바이오형(Bio), 수성형(Water-based)**으로 나뉜다.

　비초산 실리콘 : 가장 일반적인 실리콘으로, 백색의 경우 변색이 비교적 적다.
바이오 실리콘 : 항균 기능이 있어 욕실·주방 등 물기가 많은 공간에 주로 사용되지만, **반투명이나 백색 제품은 시간이 지나면 누렇게 변색(황변)**하는 단점이 있다.

수성 실리콘 : 페인트나 도배면에 적합한 제품으로, 건조 후 그 위에 페인트를 덧칠할 수 있다. (비초산·바이오는 불가능)

특히 반투명 실리콘은 1년 이상 지나면 누렇게 변색되는 경향이 강하다.
따라서 백색 실리콘이 필요한 부위에는 비초산형을, 습기 많은 공간에는 바이오형을, 페인트나 도배 부위에는 수성형을 사용하는 것이 바람직하다.

현장에서는 "입주 전까지만 깔끔하면 된다"는 생각으로 변색 문제를 간과하는 경우가 많지만, 1년 이내에는 변색이 거의 없어 티가 나지 않을 뿐 시간이 지나면 황변이 확연히 드러나므로 제품 선택 단계에서부터 주의가 필요하다.

인테리어 TIP   **실리콘 실력향상 방법**

실리콘을 쏠때 간단히 2가지만 기억하면 좋다.

첫째: 실리콘 노즐을 45도로 자른다.

둘째: 실리콘 총을 직각으로 들어 쏜다.

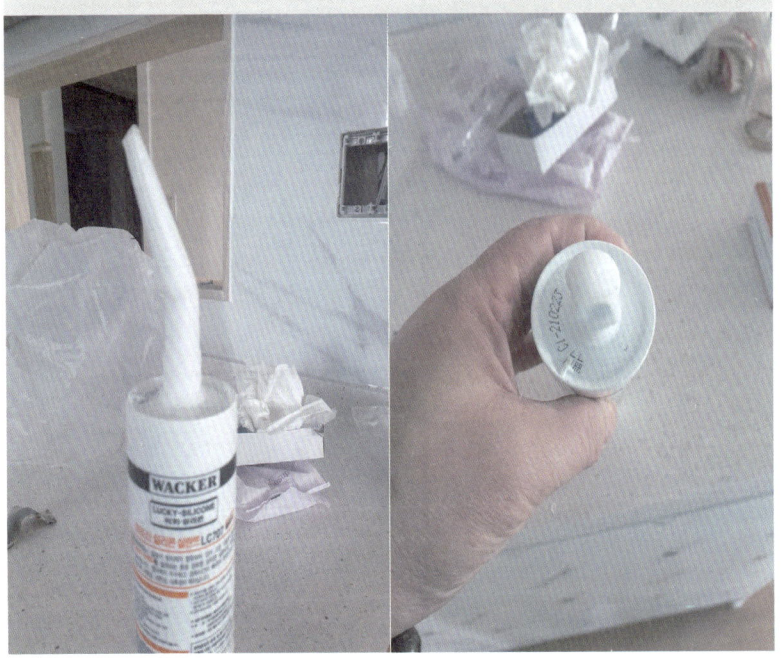

고수의 실리콘 구찌   웃는 입의 모습이다

쓰레기등 폐자재 가장 싸게 버리는 법

공사 중에는 공정이 진행될수록 폐자재와 쓰레기가 꾸준히 발생한다. 겉보기에는 단순한 청소처럼 보이지만, 공정별 폐기물 정리와 처리는 인테리어의 효율과 품질을 좌우하는 중요한 요소다.

일부에서는 "공정별로 나오는 폐자재는 시공자가 치워야 하는 것 아닌가?"라고 생각하지만, 실제로는 그렇지 않다. 예를 들어 목수의 경우, 작업 중 발생하는 잘라낸 합판, 각재, MDF 가루 등은 직접 수거하지 않는 것이 일반적이다. 이런 폐자재는 공사감리자나 별도의 철거업체가 처리해야 한다.

나무류만 따로 모아 버리면 처리비용이 저렴하지만, 타 자재와 섞이면 '혼합폐기물'로 분류되어 비용이 상승한다. 보통 1톤 차량 1대분의 폐기물 처리비용은 약 50만 원 내외이므로, 현장의 물량을 고려해 예산을 미리 잡는 것이 좋다. 이 금액은 단순히 버리는 비용이며, 현장에서 직접 폐기물을 모아 자루에 담아주는 인력이 포함되면 비용은 더 올라간다.

만약 공사관리자가 마대자루에 쓰레기를 모아 1층까지 내려놓는다면 수거비용은 훨씬 저렴해진다. 공사 중간중간 20만~35만 원 정도의 예산을 잡아 현장을 정리해두면 공사 효율이 높고 비용도 절감된다.

쓰레기가 쌓이면 먼지로 인한 작업환경 악화뿐 아니라 현장이 좁아져 작업 속도까지 떨어진다. 따라서 한 번에 버리는 것보다 목공 작업 후, 타일 작업 후 등 주요 공정마다 중간정리를 하는 것이 좋다. 현장정리는 공사관리자가 직접 할 수 있는 가장 효과적인 업무 중 하나다. 셀프 인테리어를 진행하는 경우라면 직접 현장을 정리하며 비용을 절약하는 것도 좋은 방법이다

입주청소 및 기타 공사

입주청소도 인테리어의 하나의 부분이라고 생각한다. 인테리어가 아무리 잘 되어도 청소를 제대로 못해놓으면 현장의 분위기는 반감된다. 기존 에어컨 필터 청소도 포함되어 있는지 특히 현장에서 청소를 해야 하는 특별한 부분이 있는지를 체크해 보자 인테리어가 끝나고 새로 입주할 때 정말 새집에 들어가는 느낌... 그 느낌은 정말 최고의 느낌이다.

비록 그 후에 청소를 하고 지내던 뭐든 인테리어공사 후 완벽히 정리된 그 순간을 만끽해 보자. 그 외 방충망 공사, 커튼이나 블라인드도 시공되는 주변 인테리어 칼라에 맞추어 골라보자.

물론 입주 후에도 할 수 있겠지만 가능하면 입주 전에 하고 들어가는게 좋지 않은가?

줄눈 코팅공사

줄눈 코팅 공사도 요즘 많이 시행되고 있는 공사라 항목에 넣어 보았다. 일반적으로 줄눈은 시멘트 계열이라 특히 거실 타일 시공한 경우 줄눈이 떨어져 나와 주기적으로 줄눈을 보충해 주어야 하는데 가루가 나오는 것이기에 불편하다. 그래서 요즘은 거실 타일인 경우 줄눈 코팅을 하는 경우가 많다. 화장실 바닥타일도 대상이다. 줄눈 코팅 공사는 인테리어공사 후 입주청소를 마친후 할때 가장 좋게 나온다. 입주한 집의 코팅공사를 할 때는 기존 줄눈 제거 작업이 힘들기에 비용이 더 나온다. 며칠전 기존 사는 집에 줄눈 코팅을 의뢰를 받고 금액을 알아보니 화장실 한 칸당 80만원이 넘으니 이런 경우 배보다 배꼽이 큰것 같다.

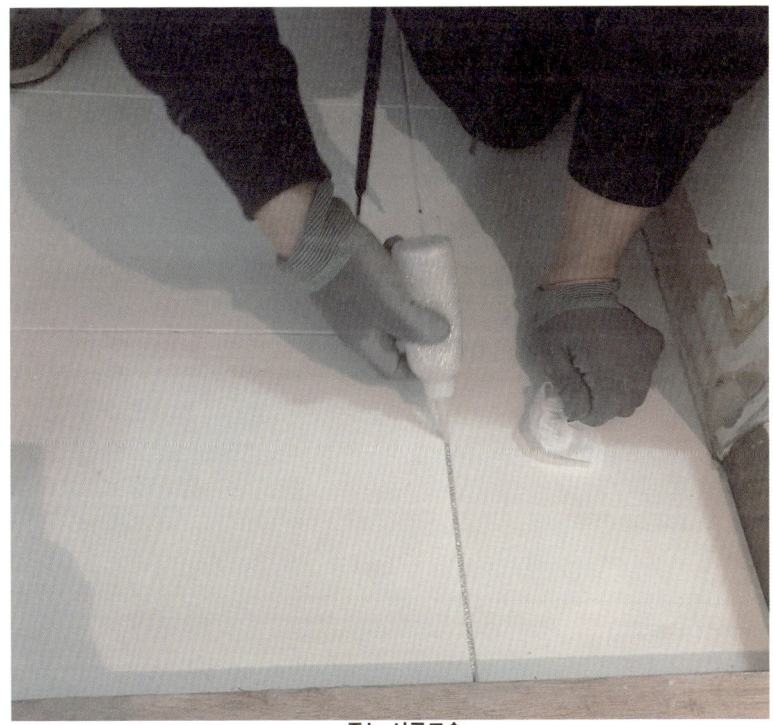

줄눈 시공모습

SELF INTERIOR

3장
인테리어 하자와 기타사항

사람이 시공하는 거라 하자는 빈번한 일로 발생한다. 중요한 것은 적절한 하자 보수 방법을 알고 있으면 큰 걱정을 하지 않아도 된다. 하자 유형 또한 매우 다양한데 공정별로 주요한 하자 내용만 다루어 보겠다.

도배하자

도배, 인테리어 하자의 중심에 서다

주택 인테리어에서 가장 많은 하자가 발생하는 부분이 바로 도배다. 그래서 인테리어를 제대로 하려면 도배를 확실히 관리하지 않으면 안 된다. 그렇지 않으면 공사가 끝난 후에도 매일 하자 보수로 현장을 뛰어다니며 시간을 허비하게 된다.

특히 실크벽지 시공은 고난도의 기술을 요한다. 일반 도배사 다섯 명 중 한 명 정도만 제대로 된 실크도배를 할 수 있다고 해도 과언이 아니다. 필자 역시 사업 초기에는 실력 있는 도배사를 만나기 전까지 하자 보수로 고생을 많이 했다.

도배의 기술을 이해하기 위해 직접 학원에 등록해 배우기도 했고, 선배 도배사들의 소개로 좋은 기술자들을 만나며 현장을 경험했다. 심지어는 **도배 조공(보조)**으로 직접 현장에 투입되어 수많은 도배사들과 함께 일하며 그들의 손끝 기술을 눈으로 익혔다. 그 덕분에 지금은 1급 도배사들과 견고한 네트워크를 형성하고 있다.

도배 하자의 원인과 계절적 요인

도배는 단순히 벽지를 붙이는 작업이 아니다. 집 안의 가장 넓은 면적을 차지하며 **공간의 완성도를 결정짓는 '최종 마감 공정'**이다. 그만큼 하자가 발생할 가능성도 높다. 물론 1급 도배사도 사람인 만큼 완벽할 수는 없다. 특히 겨울철은 하자 발생이 잦은 계절이다. 도배 시공 후 무심코 창문을 열어둔 채 현장을 나오면, 밤새 냉기가 들어와 도배지가 수축하며 터지거나 들뜨는 현상이 생길 수 있다.

도배에서 가장 치명적인 것은 급격한 온도 변화다. 풀이 마르는 과정은 자연 건조가 이상적이다. 그러나 찬바람이 갑자기 불어오면 벽지의 수분이 불균일하게 증발하면서 풀의 접착력이 떨어지고, 이음새가 벌어지거나 벽지가 들뜨는 하자로 이어진다.

결국 도배의 완성은 기술뿐 아니라 환경 관리에서도 결정된다. 좋은 기술자와 함께, 적절한 온도와 습도를 유지하는 세심한 관리가 병행될 때 비로소 하자 없는 마감이 완성된다.

> **인테리어 Tip   도배시공후 모서리 등에는 보호대를**
>
> 도배시공후에 진입부등에 꺽인 곳이 있다면 그 부분 기억자 몰딩들으로 보호대를 설치해 두는 것이 좋다. 누군가 한번 실수로 긁어 버린다면 엄청 속상하기 때문이다.

옆면에 들떠있는 하자보수 부분

도배지와 다른 자재가 닿는 부분에 하자중 많이 발생하는 들떠있는 부분은 화이트 색상 계열의 경우 바이오 실리콘을 발라주는 것이 지금까지 발견한 것 중 최선의 방법인 것 같다.

부분 도배하자 보수

도배지와 도배지 사이가 벌어진 경우, 벌어진 틈에 풀을 보충한 후 양쪽 도배지를 롤러로 밀어주면 쉽게 밀착됩니다.
하자가 도배지의 중간 부분에 생긴 경우에는 '장미따기(스기따기)' 라고 불리는 보수 방법을 사용합니다. 이 방식은 가장 흔하게 사용하는 보수 방법으로, 도배지의 무늬를 자연스럽게 이어 붙일 수 있는 장점이 있습니다.

페인트 하자

인테리어 하자 중에서도 페인트 하자는 생각보다 자주 발생한다. 페인트 공사는 크게 에어리스(뿜칠) 페인트와 붓이나 롤러로 칠하는 일반 도장 방식으로 나뉜다.

에어리스 페인트는 미세한 입자로 분사하여 표면을 매끄럽게 만드는 고급 도장 방식이지만, 그만큼 숙련된 기술이 필요하다. 정밀 시공이 요구되는 만큼 기술자의 실력에 따라 결과 차이가 극명하게 나타난다.

기술자 선정의 중요성

페인트 공사는 얼핏 보면 쉬워 보이지만, 실제로는 숙련도 차이가 매우 크다. 업계에서는 "페인트 기술은 가장 빨리 배울 수 있는 기술 중 하나다"라는 말이 있다. 하지만 이 말은 단기간 배운 사람도 기술자 행세를 한다는 뜻이기도 하다.

경험이 부족한 기술자에게 맡기면 표면의 균일도, 마감의 질감, 색상 차이, 붓자국, 먼지 유입 등의 문제가 생기기 쉽다. 결국 그 결과는 하자로 이어지고, 수리 비용이 오히려 더 커질 수 있다.

하자 발생 시의 문제점

일반적인 벽면이나 아파트 베란다처럼 중요도가 낮은 부위는 비교적 간단히 보수할 수 있다. 이 경우는 일반인도 붓이나 롤러로 부분 보수가 가능하다. 하지만 에어리스 페인트처럼 정밀 시공된 부위에서 하자가 발생하면 이야기가 달라진다. 부분 수리가 거의 불가능하기 때문에 해당 면 전체를 다시 재도장해야 하는 경우가 많다. 이 과정에서 비용과 시간이 추가로 발생한다.

최근에는 인근 업체가 페인트 하자로 인해 고객과 소송까지 진행된 사례도 있었다. 특히 고급 마감재를 사용한 경우, 수정이 어렵고 원상복구가 거의 불가능해지는 경우도 있다.

예방이 최선의 보수

페인트는 한번 시공 후 문제가 생기면 다시 고치기 어려운 공정 중 하나다. 따라서 다음의 원칙을 기억하는 것이 좋다.

- **중요 부위에는 페인트 사용을 최소화한다.**
- **부득이하게 사용해야 한다면 경험이 풍부한 기술자에게 의뢰한다.**
- **시공 전에는 먼지, 습기, 온도 조건을 반드시 확인한다.**
- **에어리스 도장 시에는 두께와 건조시간을 철저히 관리한다.**

특히 몰딩, 문틀, 가구 주변 등 눈에 잘 띄는 부분은
페인트보다는 필름, 래핑, 시트 등 다른 마감재로 대체하는 것도
하자를 줄이는 좋은 방법이다.

요약하자면,

페인트 공사는 가장 간단해 보이지만, 하자가 발생하면 가장 복잡해지는 공정이다. "싼 게 비지떡"이라는 말이 이 공정만큼 잘 들어맞는 분야도 없다.

좋은 기술자에게 맡기고, 중요 부위에서는 페인트 사용을 신중히 고려하는 것 ― 그것이 곧 하자를 예방하는 가장 확실한 방법이다.

인테리어 Tip 페인트 얼룩에는 아세톤을

수성페인트 얼룩이 생긴곳에는 여성분들의 손톱 손질용 아세톤을 사용하면 금방 지워진다.

타일하자

타일하자 중 가장 많이 발생하는 것은 아무래도 부분 타일 보수 일것 같다. 특히 거실바닥타일 부분 보수는 타일의 테두리에서 2~3센티 안쪽으로 부분에서 그라인더로 직선 홈을 내고 가운데 부분은 망치로 타격하여 제거하고 남은 테두리 부분은 안쪽에서 끌 같은 도구를 이용하여 제거하는 것이 효과적이다.

하자가 많이 발생하는 타일하자 중 또 하나는 시공 후 타일 2장정도 서로 물고 앞으로 튀어 나오는 하자이다. 타일도 물체로서 열전도가 되는 제품이다. 그래서 열을 받으면 팽창하고 열이 식으면 수축한다. 여름과 겨울이 있는 우리나라는 타일 하자가 생기기 좋은 나라이다. 아주 오래된 재건축대상 아파트에 가보면 화장실 모서리 부분이 깨진 하자가 많은데 그건 열팽창, 수축에 따른 타일의 부피변화에 기인한다.

화장실 방수 하자

화장실에 물이 새는 경우 여러 요인이 있겠지만 일단 가장 적은 비용으로 할 수 있는 것으로 줄눈방수를 추천한다. 줄눈방수액은 가까운 페인트 가게에서 손쉽게 구입할 수 있고 화장실 바닥타일줄눈 부분을 붓으로 칠해주기만 하면 된다. 바닥을 들어내고 방수를 다시하고 다시 타일을 해야 하는 번거로움을 줄이고 5만원이면 해결할 수 있으니 먼저 이방법을 고려해보고 안될시 에는 전문가에게 의뢰하자.

그 외 세면기의 앵글밸브에서 물이 새는 경우가 많다. 아마 화장실에서 물새는 것의 80퍼센트 이상이 해당한다. 생각될 정도로 많다. 앵글밸브 조인트 부분을 손으로 만져보면 물이 새는지 알 수 있다. 앵글밸브를 교체하여 설비업자에게

40만원을 지불하는 것을 세이브 하자.

    요즘은 참 좋은 것이 유튜브라는 인터넷에 셀프로 할 수 있는 방법이 동영상을 통해 소개되고 있다. 시청해보고 할 수 있겠다 싶으면 해보고 안 되면 전문가에게 의뢰한다.

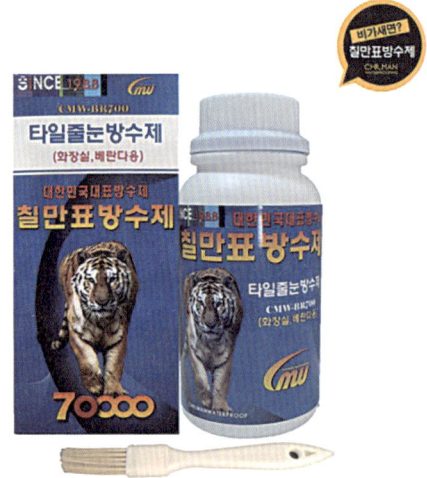

방수액을 줄눈사이에 바르는 것으로 기본방수가 가능한 줄눈방수액

앵글밸브 조인트 부분을 손으로 만져서 물이 새는지 확인한다.

화장실 덧방 시공 후 유가 주변하자

화장실 바닥을 덧방 타일 시공할 경우,

기존 바닥 위에 새로운 타일을 덧붙이게 되므로 바닥 표면 레벨이 상승하게 된다. 이 과정에서 **배수 파이프(하수구·변기 등)**의 높이에 변동이 생기면, 적절한 조치를 하지 않았을 때 누수의 원인이 될 수 있다.

기본적으로 파이프는 **하부 배수관과 밀착(체결)**되어 있어야 물이 새지 않는다. 그러나 덧방 시공으로 **타일 두께(보통 10~15mm)**만큼 바닥이 높아지면, 유가(배수구) 위치가 상대적으로 상승하게 된다. 이때 기존 하수구 파이프가 짧거나 깊게 매립되어 있으면 유가와 파이프가 제대로 체결되지 않아 틈이 생길 수 있다. 이 틈이 바로 누수의 주요 원인이 된다.

모든 현장이 그런 것은 아니지만, 특히 오래된 아파트나 배관이 깊게 매립된 구조의 화장실은 이 문제가 발생할 가능성이 높다. 따라서 덧방 시공 전에는 반드시 기존 파이프의 깊이와 체결 상태를 확인하고, 필요 시 파이프를 연장하거나 유가 높이를 조정하는 보완 작업을 해야 한다.

변기 쪽 배수관 역시 예외가 아니다. 변기 하단 플랜지(flange) 높이가 덧방 후 바닥과 맞지 않으면 변기 주변 실리콘 코킹 부위에서 물이 새거나 악취가 올라올 수 있다.

현장 사례

최근 한 고객이 "화장실에서 누수가 발생한다"며 누수 탐지 업체 두 곳을 불렀지만 원인을 찾지 못했다고 한다. 상담 중 과거 바닥 타일을 덧방 시공한 이력이 있다는 말을 듣고, 필자는 즉시 하수구 파이프 높이 불일치를 원인으로 추정했다. 실제로 확인 결과 유가 하부 파이프가 짧아 체결이 불완전한 상태였고, 파이프 연장 후 누수가 완전히 해결되었다.

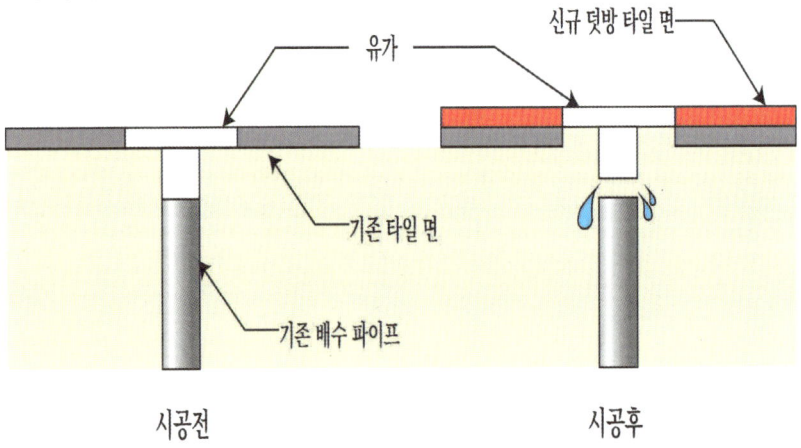

화장실 하수구등 각종 냄새 악취하자

화장실이나 싱크대 등 **배수구(하수구)**를 통해 올라오는 냄새는 인테리어 하자 중에서도 가장 자주 발생하는 문제 중 하나이다. 하지만 대부분의 경우는 간단한 하수구 트랩(Trap) 설치만으로 해결 가능하다.

시중에는 다양한 형태의 냄새 차단용 하수구 트랩이 판매되고 있다. 기존 유가(배수구)의 기본 트랩을 제거하고 교체형 트랩을 삽입하기만 하면, 물이 내려갈 때만 열리고 평소에는 닫히는 구조이므로 냄새가 역류할 일이 거의 없다. 싱크대용 트랩도 동일한 원리로 작동한다.

트랩 교체 시 주의사항

최근에는 인테리어 디자인을 위해 타일유가나 디자인유가를 사용하는 경우가 많다. 이런 유가는 트랩 규격이 다르거나 호환되지 않는 제품이 있을 수 있으므로, 냄새 제거 트랩을 구매하기 전에 기존 유가의 구조와 크기를 반드시 확인해야 한다. 디자인유가가 미관상 훨씬 뛰어나지만, 만약 냄새 차단 기능이 제대로 작동하지 않으면 불편함이 크므로, 기능과 디자인의 균형을 고려하는 것이 중요하다.

악취의 주요 원인과 점검 포인트

화장실의 냄새는 대부분 구멍이 뚫린 배수구나 연결 부위의 밀폐 불량에서 발생한다. 대표적인 원인은 다음과 같다.

하수구(유가) 트랩 미설치 또는 불량 → 냄새 차단 트랩 교체로 해결 가능.

변기 하단 밀폐 불량
→ 변기와 바닥 사이의 실리콘·패킹이 손상되었거나, 설치 시 정확히 체결되지 않은 경우 냄새가 역류한다.

하수구 트랩을 교체했음에도 냄새가 계속 난다면 변기 쪽 배수부를 의심해야 한다. 이때는 해당 공사를 진행한 위생기기 시공 기사에게 재설치를 요청하면 된다.
"변기에서 냄새가 나는 것 같다"고 설명하면 변기를 들어내고 다시 밀착·코킹해주는 방식으로 해결 가능하다.

하수구 냄새 방지용 트랩 설치 모습

인테리어 TIP   타일유가를 사용할 때 주의를

요즘에 일반유가 대신 타일유가가 유행하고 있다. 타일유가를 사용할 때 주의 할 점은 머리카락이 많이 빠지는 분들에게는 좋지 않다. 어떤 분은 하루에 머리카락이 빠지는 양이 상당히 많은 분이 계셨는데 머리카락이 타일유가 밑으로 들어가 매일 유가 커버를 들어내서 꼭 머리카락을 제거해야 했다. 그리고 타일유가중에 냄새 방지 트랩이 설치되지 못하게 구멍이 작은 타일유가가 있는데 표준유가와 사이즈가 같은 걸 구입하는 것이 좋다.

일반 유가

타일유가

타일유가를 구입시에도 밑에 부분이 일반유가와 동일한 제품을 구입하면
냄새트랩설치에도 호환성이 좋으니 위의 제품처럼 생긴것을 구입하자.

필름하자

 필름 하자는 주로 꺾임 면에서 필름이 붙지 않거나 떨어지는 경우가 많다. 이 때 헤어드라이기 등으로 가열하면서 눌러주면, 필름 안의 접착제가 살짝 녹으면서 다시 붙는다. 필름 하자의 90% 이상이 이러한 유형이다.
 일반인도 비교적 쉽게 보수가 가능하므로, AS 요청보다 직접 시도해보는 것도 나쁘지 않다.

또한 기포가 생기는 경우도 자주 발생한다. 이럴 때는 칼로 살짝 실구멍을 내고 손가락으로 눌러주면 해소되는 경우가 있지만, 이러한 경우에는 AS 요청을 하는 것이 더 안전하다.

목공하자

 일반적으로 **목공(목수공사)**은 공사 초기 단계에서 시공이 이루어지며,

이때 하자가 발견되어 보수가 즉시 진행되는 경우가 많다. 하지만 공사 완료 후 시간이 지난 뒤에 발생하는 후기 하자도 있다.

그중 대표적인 예가 문의 개폐 불량이다. 문이 잘 닫히지 않거나 걸리는 경우는, 문틀의 틀어짐 또는 문짝의 미세한 팽창으로 인해 생기는 현상이다. 이때는 대패로 문짝 가장자리를 살짝 갈아내거나, 경첩과 도어 면에 소량의 윤활유(기름)를 발라 조정하면 대부분 해결된다.

터닝도어(Turning Door) 하자

최근 현장 조사에 따르면, 목공 분야에서 가장 하자보수가 자주 발생하는 부분은 터닝도어다. 터닝도어는 밀폐형 구조의 고중량 도어로, 디자인적으로 세련되고 단열성이 뛰어나지만 무게가 무겁기 때문에 시간이 지나면서 문짝이 처지거나 틀어지는 현상이 발생하기 쉽다.

다행히도 이 문제는 비교적 간단하게 해결할 수 있다. 터닝도어의 **뒤쪽 경첩에 있는 육각 볼트(힌지 조정 볼트)**를 육각렌치로 조여주면 처짐이 대부분 해소된다.
작업 난이도도 높지 않아, 유튜브 등에서 '터닝도어 수리' 또는 '터닝도어 경첩 조정'으로 검색하면 실제 수리 방법을 영상으로 쉽게 확인할 수 있다.

> **Q&A** 결로가 생기는데 이것도 하자인가요?
>
> 단열공사 후에도 **결로(, Condensation)**가 생기는 경우가 있다. 이때는 단열공사 자체에 시공상의 문제가 있을 가능성도 있지만, 그 외에도 여러 요인이 복합적으로 작용할 수 있다.

예를 들어, **이중창(복층창)**을 설치하지 않았거나 바닥 난방이 끊겨 있는 구간이 존재하는 경우 벽체나 창 주변의 온도가 떨어지면서 결로가 쉽게 발생할 수 있다.

결로를 예방하기 위해서는 다음 세 가지 요소가 가장 중요하다. 바닥난방의 균일한 분포 난방이 일부 구간에만 적용되면 냉기가 형성된다. 이중창 설치 외부 냉기를 차단하고, 실내 온도 차를 완화한다. 확실한 단열시공 벽체·천장·바닥의 단열재가 끊기지 않도록 시공해야 한다.

이 세 가지가 모두 잘 시공되었음에도 결로가 생긴다면, 마지막으로 환기 부족을 의심해야 한다.실내 공기 중 습도가 높을수록 결로가 쉽게 발생하므로, 주기적인 환기와 제습기 사용으로 실내 습도를 관리하는 것이 중요하다.

결로의 원리는 간단하다. 여름철 찬 맥주잔 표면에 물방울이 맺히는 것과 같은 현상으로, 실내외 온도차가 크면 공기 중 수분이 차가운 면에 응결하면서 물방울이 생긴다. 따라서 온도 차와 습도 관리가 결로 예방의 핵심이다.

인테리어 TIP 관리사무소의 활용

아파트에는 각 단지마다 관리사무소가 있다. 인테리어를 진행하거나 공사 후 하자가 발생했을 때, 관리사무소를 적극적으로 활용하면 많은 문제를 간단히 해결할 수 있다.

예를 들어, 최근 공사 중 스위치 커버를 분실한 적이 있었다. 이 제품은 난방조절기와 일체형으로 제작된 특수 부품이라 시중에서 구하기가 어려웠다. 그러나 관리사무소에 문의하니 해당 제품의 제조업체를 안내받을 수 있었고, 이를 통해 손쉽게 새 커버를 구할 수 있었다.

또한 아파트의 경우, 기본적인 시설 보수나 교체 작업은 관리사무소에서 무상으로 지원해주는 경우도 있다. 예를 들어, 공용 배관이나 계량기, 스프링클러, 복도 조명 등 공용부에서 발생한 문제라면 관리사무소의 유지보수팀이 직접 처리해준다.

한편, 인테리어 공사 후 발생한 누수 하자라고 해서 항상 인테리어 업체의 책임은 아닐 수 있다. 건물 구조나 아파트 자체의 하자에서 비롯된 경우도 있기 때문이다. 이럴 때는 무작정 인테리어 업체를 탓하기보다 먼저 관리사무소를 통해 원인 진단을 요청하는 것이 현명하다. 관리사무소에는 보통 **시설관리 담당 기사(기계·전기·배관 담당)**가 상주하고 있어, 누수나 결로 등 문제의 원인이 아파트 구조적인 것인지 간단히 판단해줄 수 있다.

인테리어 정리 수납에 대해

최근 우연히 서점의 인테리어 코너를 지나가다가 관련 서적 몇 권을 살펴볼 기회가 있었다. 그런데 의외로 인테리어 책이라기보다는 정리와 수납에 관한 책들이 대부분이었다. 흥미롭게도, 그중 상당수가 일본 서적을 번역한 책이었다.

생각해보면 일본은 전통적으로 정리정돈과 아기자기한 미감이 강한 나라다. '깨끗하고 정갈한 이미지'는 일본 문화의 고유한 특징이기도 하다. 그래서 일본인들이 소개하는 정리와 수납 방법이 궁금해져 여러 책을 펼쳐보았다.

공통된 핵심, "버리기"

놀랍게도 대부분의 책에는 공통된 핵심이 있었다. 바로 '버리기', 또는 **'없애기'**였다. 그것은 단순히 물건을 치우는 것이 아니라, 집착을 내려놓는 과정이었다. 즉, 자신이 소유한 물건 중 일부를 과감히 포기함으로써 공간과 마음의 여유를 얻는 것이다. 처음엔 '내 재산의 일부를 버리는 것 아닌가?'라는 손해 보는 느낌이 들 수 있다. 하지만 실제로 버림으로써 더 넓은 공간, 더 편안한 삶을 얻는다. 결국 '버림'은 손해가 아니라 정리된 공간이 주는 새로운 가치다.

버림에도 순서가 있다

일본의 정리 전문가들은 버리는 순서까지 정해두었다. 오늘은 옷, 내일은 서류, 그다음은 주방용품… 심지어 어떤 책에서는 "마지막으로 자동차를 버렸다"고까지 한다. 그 글을 읽으며 깨달았다. "나는 정말 너무 많은 것을 가지고 있었구나." 물건값으로 보면 큰돈은 아니지만, "언젠가 쓸지도 모른다"는 이유로 쌓아둔 물건이 얼마나 많았는지 새삼 느꼈다. 결국 버림은 단순한 정리가 아니라, 자유로워지는 과정이었다. 공간이 넓어지고, 마음이 가벼워진다. 그때서야 비로소 새로운 것이 들어올 수 있는 여백이 생긴다.

실천의 시작, 오늘 한 가지 버리기

'버린 만큼 얻는다'는 말이 있다. 정말 그렇다. 작은 것 하나라도 버리지 못하고 있다면, 그건 이미 공간보다 마음이 꽉 차 있다는 신호다.

오늘 하루, 사용하지 않는 물건 한 가지를 찾아 과감히 버려보자. 큰 가구나 전자제품처럼 무거운 물건은 대형 폐기물 스티커를 붙여 처리하고, 작은 물건들은 가족이나 지인과 함께 정리해도 좋다.

혹시 **"사용할지도 모른다"**고 망설이는 물건이 있다면, 그것 또한 버리자. 대부분 그런 물건은 결국 **'절대 사용하지 않는 물건'**이 된다.

 인테리어의 시작은 새로운 것을 채우는 것이 아니라, 불필요한 것을 비우는 일이다. 버림은 곧 정리이고, 정리는 곧 인테리어다. 공간을 비우면 삶의 질이 높아지고, 그 안에서 진짜 나다운 공간이 태어난다.

빡곰 실장일기
인테리어란?

누군가 나에게 인테리어가 뭐냐고 묻는다면?

나는 이렇게 말하겠다...

분진을 마시는것이라고..

가슴이 따끔거리고 숨이 찬다.
인테리어의 또 다른 정의
분진을 마시는 것

인테리어 시공의 위험성

인테리어 시공 현장은 항상 위험요소가 존재하는 공간이다. 대부분의 현장은 먼지가 많고 소음이 심해, 작업자는 호흡기 질환에 노출될 위험이 크다. 분진 마스크와 같은 보호장비 착용이 필수지만, 작업 중 대화나 답답함 때문에 마스크를 벗는 경우가 많다. 일부 시공자는 아예 보호장비 없이 일하기도 하는데, 이는 체질이 강해서 견디는 것이 아니라 단순히 운이 좋았을 뿐이며, 안전하다고 볼 수 없다.

공구 사용의 위험성

현장에서 사용하는 공구는 사무용 도구와는 차원이 다르다. 예를 들어, 사무용 커터 칼로 종이를 자르는 것과 현장에서 장시간 칼날로 재단하는 작업은 완전히 다르다. 손가락이나 혈관 부근을 살짝만 잘못 건드려도 출혈이 멈추지 않아 응급실 수술이 필요한 경우가 있다. 특히 회전 톱날이나 절단기는 매우 위험하다. 순간의 방심만으로도 살점이 절단되거나, 큰 부상으로 이어질 수 있다. 이 부분은 반드시 강조해야 한다. 현장 사고 사례를 접할 때마다 "조금만 더 조심했더라면" 하는 생각이 든다.

노동 환경과 위험수당

인테리어 기술직의 일당은 평균 25~40만 원 수준, 한 달로 계산하면 600만 원 이상이다. 이는 단순한 고소득이 아니라, 위험수당이 포함된 결과라고 볼 수 있다. 실제로 현장에서는 낙상, 절단, 질식, 중독 등 크고 작은 위험이 항상 존재한다. 오랫동안 일해온 기술자들 중에도 질병이나 부상으로 현장을 떠나는 경우가 드물지 않다. 높은 곳에서의 작업, 여름의 폭염, 겨울의 혹한 등 계절과 환경 또한 시공자의 건강을 위협한다.

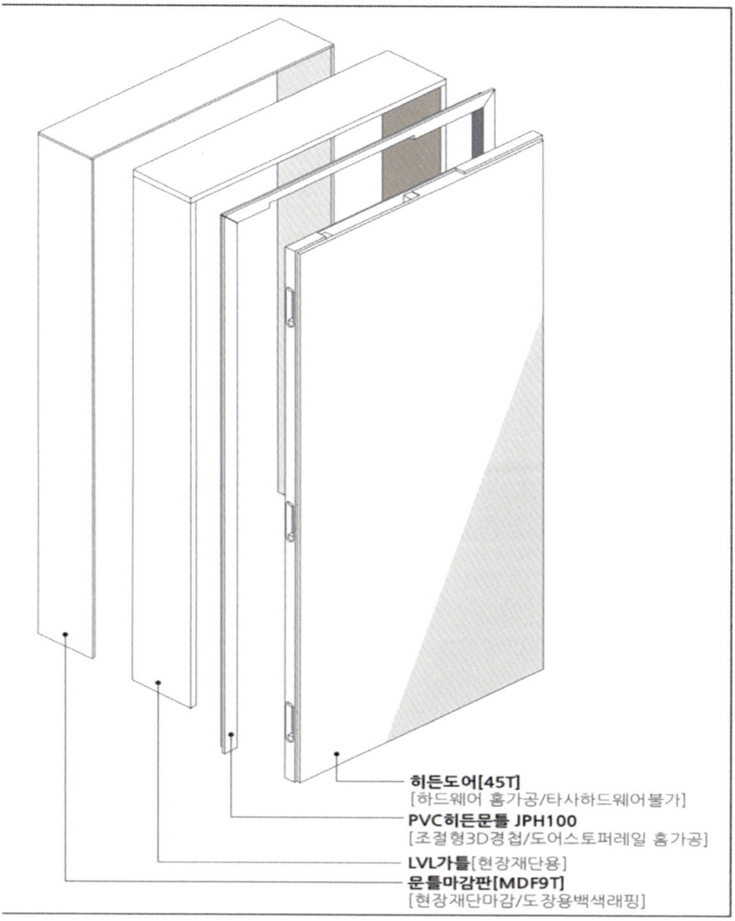
히든도어[45T]
[하드웨어 홈가공/타사하드웨어불가]
PVC히든문틀 JPH100
[조절형3D경첩/도어스토퍼레일 홈가공]
LVL가틀[현장재단용]
문틀마감판[MDF9T]
[현장재단마감/도장용백색래핑]

히든도어 완제품

라인조명용 목재틀 2.4M 1본 기준 16,000원
목재틀
무료 제공!!
목재틀 라인조명
목재틀
+라인조명

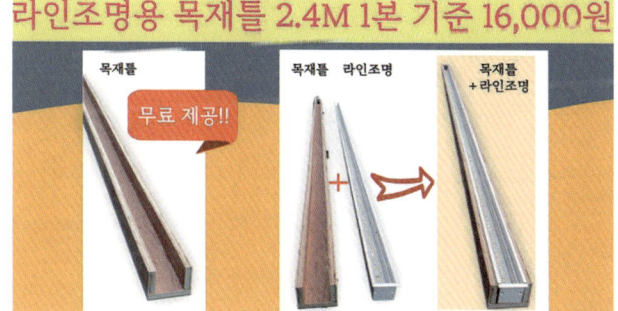

라인조명용 레디 메이드 목재틀

유튜버 인테리어 쇼에 대한 생각

최근 유튜브에서 **'인테리어 쇼'**라는 채널이 큰 인기를 끌고 있다. 어느 날 친한 목수들에게서 전화가 왔다. "요즘 인테리어 쇼 때문에 못 살겠어요. 안 되는 걸 만들라니 미치겠어요." 실력이 뛰어난 1급 목수들조차 그런 이야기를 하는 걸 보면, 단순한 농담은 아니었다.

처음에는 그저 하나의 아이디어를 자랑하는 채널이라고 생각했다. 하지만 시간이 지나면서 꾸준히 성장하는 모습을 보고 "왜 성공했을까?"라는 생각이 들었다. 결론은 **'열정'**이었다. 그 채널에는 인테리어를 향한 순수한 열정이 가득했다.

열정이 만들어낸 새로운 방향

'인테리어 쇼'의 제작자는 고급 인테리어를 합리적인 가격으로 구현할 수 있는 방법을 연구하고, 그 아이디어를 시청자들과 공유하고 있었다. 예를 들어 벽에 고밀도 MDF를 시공해 하이엔드 주택의 질감을 재현하거나, 히든도어의 디테일을 일반인도 이해할 수 있도록 풀어내는 등 전문적인 내용을 흥미롭고 현실적으로 전달했다.

그는 또한 인테리어 소품, 자재, 하드웨어 등 세세한 요소까지 업그레이드하며 우리에게 "더 나은 방법이 있을까?"라는 생각의 여운을 남겼다. 이는 주택 인테리어뿐 아니라 상업공간, 나아가 다른 산업 분야에도 "기존의 당연함을 개선해보자"는 메시지를 던지는 시도였다.

하나의 스타일로 자리 잡은 인테리어 쇼

이제 '인테리어 쇼'는 단순한 콘텐츠를 넘어 하나의 스타일로 자리 잡았다. 내 주변에서도 그 영향을 받은 인테리어가 점점 늘고 있다. 기존에 실력이 뛰어난 업체들도 이 스타일을 받아들여 자신들만의 방식으로 재해석하고 있다.

한 업체는 페인트 대신 필름 마감을 시도했는데, 이는 손이 덜 가고 비용을 절약할 수 있는 훌륭한 아이디어였다. 물론 필름은 롤 단위로 시공되어 이음새가 생길 수밖에 없지만, 그들은 이음선을 최소화하는 노하우로 완성도를 높였다. 확실히 선두권 업체들은 어떤 스타일이든 유연하게 소화할 능력을 갖추고 있었다.

인테리어에 정답은 없지만, 배움은 있다

'인테리어 쇼 스타일'이 정답은 아니다. 인테리어에는 언제나 다양한 해석이 존재한다. 그러나 이 채널이 주는 메시지는 분명하다. "불가능해 보여도, 한 번 더 시도해보라." 현장에서 시공을 하다 보면 늘 아쉬운 마감이 남는다. 그럴 때마다 "이 부분을 어떻게 하면 더 잘 마감할 수 있을까?"를 고민하게 된다. '인테리어 쇼'를 보며 나 또한 다시금 생각했다. "안 되는 이유를 찾기보다, 가능한 방법을 찾아보자."

현실적인 인테리어의 벽

이 책은 '인테리어 쇼'처럼 하이엔드 인테리어를 다루는 책은 아니다. 대부분의 고객들은 합리적인 예산 안에서 깔끔하고 편안한 공간을 원한다. 하지만 현실적으로 고급 인테리어는 많은 비용이 든다. 예를 들어 몰딩은 마감을 깔끔하게 하기 위해 덧붙이는 장식이지만, 이를 없애고 매끈하게 처리하려면 정밀도를 높여야 하며, 그만큼 인건비와 시공 시간이 늘어난다. 결국 몰딩이 없는 인테리어는 더 많은 비용이 드는 구조다. 내가 만난 대부분의 고객이 가장 먼저 물었던 것은 늘 같다.

"인테리어 비용이 얼마나 들까요?"
일반적인 인테리어만 해도 충실히 시공하려면 적지 않은 예산이 필요하다. 수백만 원 단위의 공사비를 투자하는 평범한 가정은 많지 않다. 그래서 개인적으로는 '인테리어 쇼' 스타일처럼 화려한 고급형보다, 합리적인 가격으로 깔끔하게 완성된 공간을 더 선호한다.

기술의 발전, 그리고 우리의 가능성
흥미로운 점은 시장의 반응이다. '인테리어 쇼'의 인기에 힘입어, 비슷한 스타일을 구현할 수 있는 편리한 제품들이 속속 출시되고 있다. 대표적인 예가 히든도어 완제품이다. 직접 시공해보니 품질이 우수하고 설치도 훨씬 간편했다. 또한 '인테리어 쇼'에서 자주 등장하는 라인 조명을 시공하기 위해 등박스를 따로 제작해야 했던 번거로움도 사라졌다. 이제는 기성형 등박스 틀이 출시되어 시공 품수와 비용을 절감하면서도 퀄리티를 높일 수 있게 되었다.

이처럼 불가능해 보이던 디테일이 점차 표준화된 기술로 자리 잡고 있다. 인테리어의 변방이라 여겨졌던 한국 시장에서도 이제는 연구와 개발을 거듭한 제품들이 쏟아져 나오고 있다.

한국 인테리어의 내일
이러한 변화들을 보며 새삼 느낀다. 우리나라의 인테리어 기술 수준이 정말 많이 발전했다. 이제는 단순한 시공 기술을 넘어, 하드웨어·조명·자재 산업이 함께 성장하는 구조로 나아가고 있다. 전등, 난방, 환기 시스템은 이미 IoT 기반의 스마트 제어 기술로 발전 중이며, 곧 AI 시스템이 주택 인테리어에 본격적으로 도입되는 시대가 올 것이다. 이제 인테리어는 단순히 공간을 꾸미는 일이 아니라, 기술과 디자인, 그리고 생활의 미래를 연결하는 산업으로 진화하고 있다.

최근 IOT 기기 중 화제가 되고 있는 구글의 네스트 제품

살면서 하는 공사에 대해

일반적으로 인테리어 공사는 집을 구매하거나 이사하기 전, 빈집 상태에서 진행한다. 그러나 현실적으로 "살면서 공사할 수는 없을까?"라는 고민을 하는 사람들도 많다. 도배나 화장실 정도는 직접 살면서 하고 싶지만, 막상 진행하려면 생각보다 어렵다는 것을 금세 깨닫게 된다.

빈집 공사보다 더 비용이 드는 이유

살면서 하는 인테리어는 빈집 공사보다 비용이 더 많이 드는 경우가 많다. 공사 중에 가구와 짐을 옮겨야 하고, 생활 동선이 방해받지 않도록 시공 순서를 조정해야 하기 때문이다. 이 때문에 일부 업체는 '사는 집 공사를 아예 하지 않거나, 반대로 그 분야만 전문으로 하는 업체도 생겨나고 있다. 살면서 전체 공사를 진행하려면 정확한 계획과 동선 조율이 필수다.

살면서 가능한 공사와 어려운 공사

살면서도 비교적 수월하게 할 수 있는 공사는 도배 작업이다.
진행 순서는 다음과 같다.
큰 짐을 방 안으로 옮긴다.
거실과 부엌을 먼저 도배한다.
다시 짐을 거실로 옮기고, 각 방을 도배한다.

이 과정에서 버릴 물건을 미리 정리해두면 공간 활용이 훨씬 편해진다. 일종의 "정리 인테리어"가 되는 셈이다. 반면 타일 공사나 욕실 공사는 분진이 많고 소음이 크기 때문에 살면서 진행하기 어렵다. 특히 바닥 타일 시공은 분진과 소음, 건조 시간 때문에 생활공간을 함께 사용하는 것이 거의 불가능하다.

짐 이동과 보관의 현실

살면서 인테리어를 하려면, 짐을 임시로 이삿짐 센터나 보관 창고에 맡기는 방법이 있다. 하지만 이 경우, 짐을 빼내고 보관하고 다시 옮기는 비용만 보통 300만 원 이상이 든다. 그래서 이런 부담을 줄이기 위해, 공사 구간을 나누어 부분 공사로 진행하는 방식이 많다. 예를 들어, 짐을 방으로 옮겨두고 거실과 부엌을 먼저 시공한 뒤, 그 다음에 방 공사를 하는 식이다. 혹은 거주자는 며칠간 호텔이나 친척집에서 머물며 필요할 때만 집에 들르는 방식도 있다.

가족의 이해와 협력이 필수

살면서 하는 인테리어는 단순히 공사 기술의 문제가 아니다. 가족 구성원의 생활 리듬이 달라지고, 먼지·소음·불편함이 동반되기 때문에 서로의 이해와 배려가 꼭 필요하다. 가족이 서로 양보하지 않으면 공사는 제대로 진행되기 어렵다.

결국, 사는 집 인테리어의 핵심은 기술보다 사람이다. 서로 배려하고 협조할 때 비로소 가능한 공사다.

요약하자면,
사는 집 인테리어는 계획·분리·협조 이 세 가지가 핵심이다.
무리한 일정보다는, 단계별로 공간을 나누어 차근차근 진행하는 것이 현명하다.
"살면서도 가능한 인테리어"는 결국 현명한 기획과 인간적인 배려에서 완성된다.

인테리어 실장의 일에 대해

　인테리어 업계에서 일하는 나뿐만 아니라 대부분의 실장들이 공통적으로 느끼는 점이 있다. 우리는 늘 고객과 기술자 사이에서 '샌드위치'처럼 끼어 있는 존재라는 것이다. 시공 현장은 수많은 사람들의 손과 말이 오가는 공간이다.
그 속에서 실장은 어느 쪽에도 완전히 속하지 못한 채, 고객의 기대와 현장의 현실 사이에서 늘 줄타기를 해야 한다. 도면과 견적서에 분명히 항목이 있어도, 공사가 끝나면 어떤 고객은 이렇게 말한다.

"도면에 있긴 하지만, 일반인은 도면을 볼 줄 모르잖아요."
"견적서에도 써 있긴 한데, 너무 전문용어라 몰랐어요."

이런 말이 이제는 하나의 '스펙'처럼 들릴 정도다. 도면을 볼 줄 모르는 것이 오히려 유리한 상황이 된 것이다.
"나는 모르니까, 당신이 내 머릿속 생각을 구현해줘야 해요."
결국 고객의 머릿속에만 존재하는 '정답'을 찾아내는 일이 실장의 몫이 된다.

사람이 만드는 일, 완벽할 수 없는 이유
인테리어 시공은 사람이 하는 일이다. 기계처럼 1mm의 오차 없이 완벽하게 할 수는 없다. 아무리 숙련된 목수라도, 현장에서 이탈리아 명품 가구 수준의 마감을 재현하기란 불가능하다. 일급 필름 기술자라도 칼선(가이드선) 없이 필름을 붙일 수는 없다.
 하지만 현실에는 자신의 기준에 조금이라도 미치지 못하면 그 즉시 '하자'로 규정하는 고객도 있다. 이런 경우, 고소를 당하거나 공사비를 받지 못하는 일도 생긴다.
다른 실장들과 이야기를 나누어보면, "1년에 한 번은 그런 고객을 꼭 만난다"고 말한다. 어떤 실장은 두 번 연속 진상 고객을 만나고는 "당분간 쉬어야겠다"고 하기도 한다.

왜 이런 일이 생길까?
곰곰이 생각해보면, 그 이유는 인테리어 시공에 대한 이해의 차이 때문이다.

우리가 어떤 물건을 살 때는 정해진 가격을 지불하면 그 물건을 얻는다.
하지만 인테리어는 공장에서 찍어내는 제품이 아니다. 같은 금액이라도 현장에
따라 변수가 많다. 기술자의 실수, 자재의 편차, 예상치 못한 구조 문제 등으로
어떤 현장은 순조롭게 진행되지만, 어떤 현장은 적자를 감수해야 할 때도 있다.

결국 인테리어는 **'사람과 사람이 만나서 함께 만들어가는 일'**이다.
그만큼 감정과 스트레스도 생긴다. 하지만 다행히도, 그런 일보다 좋은 만남이
훨씬 많다.

고마운 사람들, 그리고 보람

정말 세상에는 좋은 사람들이 많다. "어쩌면 이렇게 잘생기고 예쁠까?", "어쩌면
저렇게 매너가 좋을까?" 감탄이 절로 나오는 고객들을 자주 만난다. 신혼집을 준
비하는 영화배우 같은 부부, 스타 강사인 아버지와 미모의 의사 따님,
아들은 삼성전자 연구원인 가족도 있었다. 이런 분들을 보면, 세상이 참 불공평
하게 행복하다는 생각마저 든다.

인테리어를 하며 정말 많은 좋은 사람들과 아름다운 공간을 만났다.
만약 내가 여전히 대기업에 있었다면, 이렇게 다양한 사람들의 삶과 이야기를 가
까이에서 겪험할 수 없었을 것이다.

인테리어의 매력

공사를 하다 보면 의도했던 것보다 훨씬 더 잘 나오는 경우도 있다. "이렇게까지
될 줄 몰랐다"는 생각이 들 때마다, 이 일이 얼마나 매력적인 일인지 다시 깨닫
는다. 인테리어는 단순히 공간을 꾸미는 일이 아니다. 그 안에는 사람의 삶, 감정,

이야기, 그리고 기술이 함께 녹아 있다. 나는 앞으로도 좋은 사람들과, 좋은 공간을 만들어가고 싶다. 그것이 인테리어라는 직업이 내게 주는 가장 큰 행복이다.

민원에 대해

인테리어 공사의 최대 변수, '민원'

공사를 진행하면서 겪는 가장 큰 어려움 중 하나가 바로 민원이다.
옆집, 아랫집, 윗집을 가리지 않고 민원이 들어와 공사가 지연되거나 중단되는 일이 종종 발생한다. 민원의 원인은 대부분 소음, 냄새, 분진이다. 아무리 주민 동의를 받았더라도, 당사자가 "피해를 받았다"고 느낀다면
관리사무소를 통해 공사를 중단시킬 수 있다.
결국, 인테리어 공사에서 이웃과의 관계 관리는 기술만큼 중요한 요소다.

민원을 예방하는 기본 관리

공사 중에는 세대의 현관문을 반드시 닫고, 분진이나 악취가 새어 나가지 않도록 철저히 관리해야 한다. 세대 앞이나 복도 주변도 수시로 확인하고 청소하지 않으면 그 자체로 민원의 대상이 될 수 있다.

특히 코로나 이후에는 재택근무, 온라인 강의, 홈스쿨링이 늘어나면서 주간 시간대의 소음 민원이 더욱 예민해졌다. 예전보다 훨씬 좁아진 작업 가능 시간 속에서 현장 실무자는 늘 시간·공정·민원 사이의 줄타기를 해야 한다.

실제 사례로 본 민원의 현실

몇 년 전 동부이촌동의 한 부촌 아파트에서 공사를 진행한 적이 있다. 그 동에는

현직 대학교수 5명과, 퇴임 후 집에서 지내는 교수님 한 분이 계셨다. 교수님들의 온라인 강의 시간을 피해 작업 일정을 조정하다 보니 결국 일주일 중 3일 정도만 공사 가능했다.

고객은 입주 일정을 늦출 수밖에 없었고, 공사 기간이 길어진 만큼 비용도 자연스럽게 증가했다. 또 얼마 전에는 낮 시간에 마루 시공을 진행했는데, 위층 아기가 낮잠을 자고 있다며 손해배상까지 언급한 주민이 있었다. 이처럼 사소한 진동과 소음조차도 때로는 큰 분쟁으로 번진다.

민원 대응의 현실과 한계
민원이 발생하면, 유일한 해결책은 사과뿐이다. 현장 실장은 끝없이 사과하고, "죄송하다"는 말을 되풀이해야 한다. 마치 범죄를 저지른 사람처럼 **관리사무소(일명 '현장 경찰서')**에서 취조받듯 설명해야 하는 경우도 있다.

이런 일이 반복될 때마다 "이 일을 계속해야 하나" 하는 생각이 들기도 한다. 하지만 그것이 현실이다. 공사비에는 민원 대응비가 포함되어 있지 않으며, 셀프 인테리어를 진행하다가 이웃과 갈등이 생기는 경우도 적지 않다.

결론 - 인테리어의 보이지 않는 난관
지금 인테리어 현장에서 가장 힘든 부분 중 하나는 시공 기술이나 디자인이 아니라, 바로 민원 처리일지도 모른다. 소음과 분진보다 더 무서운 것은 이웃의 불편과 불신이다. 결국 인테리어는 사람 사이의 조율과 배려로 완성되는 작업이다.

인테리어의 미래

최근 인테리어 시공 인건비가 빠르게 오르고 있다. 제대로 시공할 수 있는 에이급 기술자는 한정되어 있는데, 공사 물량은 해마다 늘어나고 있기 때문이다. 젊은 세대 중 인테리어 시공 기술을 배우려는 사람은 점점 줄어들어 인력 수급의 불균형이 심화되고 있다.

이 문제는 어제오늘의 이야기가 아니지만, 최근 들어 상황은 더욱 심각하다. 특히 인테리어 성수기인 10월에는 대형업체조차 인력 부족으로 공사를 포기하는 사례가 늘고 있다. 필자 역시 성수기철이면 인력 수급의 불안정 때문에 "일이 들어오는 것이 오히려 부담스러운 순간"을 겪는다.

상식적으로는 일을 주는 사람이 '갑'일 것 같지만, 시공의 세계에서는 일을 하는 사람이 '갑'인 경우가 많다. 특히 에이급 기술자는 성수기철 최고의 대우를 받는다. 실제로 도배사를 제때 구하지 못해 고객의 입주가 미뤄진 사례도 있었으며, 심지어 초급 기술자조차 이 시기에는 귀한 대접을 받는다.

현장에서 사라지는 사람들

요즘 사람들은 육체노동보다 투자나 투기에 더 큰 관심을 보인다.
주식과 부동산에 몰리는 인파 속에서, 정작 땀 흘려 일하는 현장에는 사람이 부족하다. 하지만 '노가다'라 불리는 현장 일도 아무나 할 수 있는 게 아니다.
목수든 도배사든, 타일공이든 —손재주와 체력, 그리고 공간 감각이 없으면 숙련공으로 성장할 수 없다.
현장은 여전히 사람의 손끝에서 완성된다.

자동화되는 미래, 그리고 인간의 역할

TV에서는 무인 점포나 로봇이 사람의 일을 대체하는 장면을 자주 볼 수 있다. 인테리어 업계 역시 머지않아 일정 부분 자동화될 가능성이 높다. 필자는 종종 이런 미래를 상상한다.

"AI 실측 로봇이 아파트에 들어가 공간을 측정하고, 자재 물량을 자동으로 산출한 뒤 발주한다. 이후 잘 재단된 자재가 도착하면, AI 로봇이 시공을 맡는다. 사람은 공정 결과를 확인하거나 세부 마감만 담당한다."

이런 시대는 결코 먼 미래가 아니다. 이미 인테리어 자재는 다양화·고급화되고 있고, 시공 효율을 높이는 기술과 장비가 빠른 속도로 발전하고 있다. 결국 인테리어 산업은 '손의 기술'과 '기계의 기술'이 공존하는 시대로 나아갈 것이다.

마무리

인테리어는 여전히 사람이 만드는 예술이며, 공간은 결국 사람의 감성과 손끝에서 완성된다. 그러나 인력난과 기술 진보의 흐름 속에서 앞으로의 인테리어는 더 효율적이고, 더 과학적인 산업으로 진화할 것이다.

혹시 업계의 동료들 중에는 "너무 많은 걸 공개한 것 아닌가?" 하고 우려하실 분들도 있을 것입니다. 실제로 이 책에는 전문가만 알고 있던 정보와 실무 노하우도 담겨 있습니다. 그러나 셀프 인테리어를 결심한 분들은 이미 스스로 배워서, 연구하고, 비용을 절감하려는 의지가 있는 분들입니다. 그런 분들에게 올바른 지식을 전달하는 것이 오히려 시장을 건강하게 만드는 길이라고 생각했습니다.

예전에 대기업 인테리어팀에서 함께 일했던 후배가 있었습니다. 그 후배는 발품을 팔고, 제 조언을 받아 셀프 인테리어를 진행했습니다. 결과는 놀라웠습니다. 동일한 사양으로 유명 인테리어 업체보다 약 700~800만 원의 비용을 절감했고, 금전적 이익뿐 아니라 "내 손으로 해냈다"는 자부심과 성취감을 얻었다고 합니다. 물론 시간이 부족하거나 완성도 높은 디자인과 시공을 원한다면 전문 업체에 의뢰하는 방법도 있습니다. 하지만 후배처럼 노력한다면, 원하는 인테리어를 스스로 완성하는 길도 충분히 있습니다.

셀프 인테리어는 알면 단순하지만, 모르면 막막한 세계입니다.
준비 없이 시작하면 오히려 더 많은 비용이 들고, 완성도는 떨어질 수 있습니다. 어쩌면 이 책을 읽고 "인테리어가 생각보다 복잡하구나" 하며 포기하는 분도 있을 것입니다. 그러나 그 또한 나쁜 선택이 아닙니다. '알고 포기하는 것'은 무지에서 오는 실패보다 훨씬 현명한 결정이기 때문입니다
오늘날 인테리어는 단순한 선택이 아니라 삶의 필수 요소가 되었습니다.
과거엔 도배와 장판 정도에 그쳤지만, 이제는 TV 프로그램과 디자인 인식의 변화로 자신의 집을 하나의 '작품'처럼 꾸미는 분들이 많아졌습니다.

후기

이상, 주마간산(走馬看山)의 시선으로 인테리어 셀프시공에 대해 제 경험을 바탕으로 풀어보았습니다. 이 책이 셀프 인테리어를 고민하시는 분들께 작은 길잡이가 되기를 바랍니다.

사실 '셀프 인테리어'라는 말보다 **'반(半)셀프 인테리어'**가 현실에 더 가깝습니다. 이 책을 읽으신 후, 직접 셀프 인테리어를 하시든, 인테리어 업체에 의뢰하시든, 공정과 구조에 대한 기본 이해가 있다면 현장을 보는 눈이 달라질 것이라 확신합니다.

세상이 빠르게 변하고 있고, 인공지능이 인간의 영역을 넓혀 가는 시대에 저 역시 그 흐름 속에서 이 책을 보다 편하고 읽기 쉽게 수정했습니다.

저 또한 여전히 부족하고, 매 현장마다 새로운 문제를 만납니다. 하지만 문제를 풀고, 시행착오를 겪고, 결국 극복하는 그 과정에 인간의 미래와 가치가 있다고 믿습니다. 넘지 못할 벽은 없습니다.

대부분의 고객은 인테리어 전문가는 아니지만,
각자 자신의 분야에서는 탁월한 전문가입니다.
그래서 오히려 시공 경험이 부족할 때, 현장에서 어려움을 겪으시곤 합니다.
제가 만났던 고객 중에는 대기업 인테리어 사업부 상무로 퇴임하신 분도
세부 시공의 세계는 생소하다고 하셨습니다.

마무리하며

이 책은 제 인생의 첫 저서이며,
50세가 넘어서 낸 첫 작품입니다. 조금 더 젊을 때 냈더라면 제 삶이 더 풍요로웠을지도 모르겠지만, 지금이라도 세상에 내놓을 수 있어 참 감사한 마음입니다. 부족한 점이 많을지라도, 이 책이 여러분께 작은 도움과 영감이 되길 바랍니다. 그리고 이 글을 통해 한 분이라도 더 합리적이고 현명한 인테리어를 완성하신다면, 그것이 필자로서의 가장 큰 보람일 것입니다.

빠른 판단과 좋은 인연으로 멋진 공간을 완성하시길 바랍니다. 전국에서 셀프 인테리어를 준비하는 모든 분들께 진심 어린 박수를 보냅니다.

서울 용산에서   최 기영